Werkheft Literatur

Zehra Çirak
Gedichte

Şinasi Dikmen
Satiren

Zum Werkheft 5

Teil I

Zehra Çirak
  Gedichte mit Didaktisierungen 7

Şinasi Dikmen
  Satiren mit Didaktisierungen:
    „Deutschlandmärchen" 30
    „Wer ist ein Türke?" 41

Teil II

Zu den Autoren (Will Hasty) 56

Fremde Perspektiven in der deutschen Literatur. Zur neueren deutschen
Literatur von Autoren nicht-deutscher Herkunft (Will Hasty) 59

Werkstattgespräch mit Şinasi Dikmen am 27.7.95 65

Werkstattgespräch mit Zehra Çirak am 28.7.95 74

Bio-Bibliographien 80

Zum Werkheft

Das Werkheft Literatur entstand an der „Deutschen Sommerschule im Südosten", die jährlich an der Universität von Florida in Gainesville stattfindet. Die TeilnehmerInnen sind Deutschlehrer aus den USA, die in drei Sommern ihren Magister Artium ablegen können. Dieses Werkheft läßt sich aber unserer Meinung nach nicht nur Amerika - spezifisch in Schulen und Universitäten einsetzen die Sprachkompetenz der Zielgruppe ist ausschlaggebend.

Im Sommer 1995 lud das Goethe-Institut als Mitveranstalter der Sommerschule die beiden Autoren Zehra Çirak und Şinasi Dikmen zu Werkstattgesprächen und Lesungen nach Gainesville ein. Die Teilnehmerlnnen der Sommerschule wurden im Rahmen eines Kurses „Fremde Perspektiven - Gegenwärtige deutsche Literatur von Autoren nichtdeutscher Herkunft" auf die Autorenbesuche vorbereitet. Aus dem Teilnehmerkreis bildeten sich Gruppen, die an dem Werkheft mitarbeiten wollten.

Dem Format der vorausgegangenen Werkhefte Literatur folgend enthält dieses Werkheft Unterrichtsvorschläge zu den Gedichten Zehra Çiraks und den Satiren Şinasi Dikmens, biographische und literaturgeschichtliche Artikel sowie die Werkstattgespräche und Bibliographien.

Die Auswahl der Texte erfolgte im Hinblick auf High School Schüler, da die beteiligten LehrerInnen diese Zielgruppen unterrichteten. Die Texte und Didaktisierungen eignen sich aber auch für College-und Universitätsstudenten. Die an der Sommerschule erstellten Didaktisierungen wurden anschließend im Unterricht eingesetzt, erprobt, und so entstanden die vorliegenden Unterrichtsvorschläge.

Den TeilnehmerInnen an der Sommerschule sowie den Autoren Zehra Çirak und Şinasi Dikmen danken wir für ihre Beiträge zu diesem Werkheft.

Atlanta/Gainesville, November 1996

Will Hasty
Christa Merkes-Frei

Zehra Çirak

Treue III

Ohne Vernehmen kein Vergeben

Ganz ohne ein Glück des Himmels geht es nicht
ganz ohne Immer-die-Augen-offen
und ein gemäßigtes manchmal Den-Mund-Halten
geht es nicht
doch auch ein Einverständnis was andere Dinge
außerhalb dieser Liebe betrifft
kann behilflich sein
aber schon das Vertrauen das erkämpfte
ist nötig
um die Haltung zu bewahren
Eifersüchteleien gehören dazu
wie die Hefe zum gelungenen Gugelhupf [1]
sie springen sich nicht davon
nur weil der Kuchen altbacken
und der Puderzucker darauf auch mal daneben
ach dieses Gewürz
ohne das es doch gar nicht schmecken würde
und hat das Ganze auch noch Dauer
dann kann man es auch ohne Geschmacksverlust
immer wieder aufwärmen
wie ein guter Eintopf [2]
Verzeihung
Zweitopf [3] mit einem Löffel

Aus: Fremde Flügel auf eigener Schulter. Köln. 1994.

Thema:	Liebe
Lernziel:	Sinnlicher Umgang mit Sprache
Zielgruppe:	3./4. Jahr Deutsch
Materialien:	Kopien der Anlagen
Zeitlicher Rahmen:	3 Stunden

---

[1] Ein Gugelhupf kann als Rühr- bzw. Hefekuchen zubereitet werden. Er wird in einer speziellen Form gebacken.
[2] Einfaches Gericht aus Gemüse, Kartoffeln usw., bei dem alle Zutaten zusammen in einem Topf gekocht werden.
[3] Zweitopf ist ein von Çirak erfundenes Wort.

1. Einstimmung in das Thema

1.1. Wir schlagen vor, als Einstieg einen Gugelhupf zu backen. Dazu wird der Lehrer das Rezept mitbringen und die Zubereitung sowie die Zutaten besprechen. Er ist den Schülern bei der Zubereitung behilflich. Der fertige Kuchen wird dann gemeinsam verzehrt. Sollte es nicht möglich sein, den Kuchen in der Schule zu backen, könnte der Lehrer einen fertigen Gugelhupf mitbringen oder das Rezept besprechen (s. Anlage A).

1.2. Anstatt des Einstiegs über den Kuchen könnte man auch das Lied „Backe backe Kuchen" vorspielen oder vorsingen. Beim zweiten Zuhören sollen die Schüler versuchen, die Zutaten für den Kuchen aufzuschreiben. Die Antworten werden im Plenum besprochen. Dann wird der Text ausgeteilt, und die ganze Klasse singt das Lied (s. Anlage B).

2. Texterschließung

2.1. Erstes Lesen
Der Lehrer liest das Gedicht laut vor. Die Schüler sollen nur zuhören. Der Lehrer fragt nun, ob es sich hier auch um ein Rezept handelt. Die Antwort kann auch bis zum nächsten Lesen offen bleiben.

2.2. Zweites Lesen
In Partnerarbeit sollen die Schüler nun den Text erschliessen. Dazu erhalten sie eine Kopie des Gedichts und ein Arbeitsblatt (s. Anlage C). Die Ergebnisse werden im Plenum besprochen.

2.3. Drittes Lesen
Das Gedicht wird im Chor und einzeln vorgelesen.

3. Anwendung

3.1. Um die Eindrücke des Gedichts zu verarbeiten, schreiben die Schüler ihr eigenes Gedicht nach dem gleichen Schema. Was sind ihrer Meinung nach Zutaten der Liebe? Oder man könnte anstatt über „Liebe" zum Beispiel ein Gedicht zum Thema „Erfolg", „Freundschaft" oder „Spaß" schreiben lassen.

3.2. Die Schüler könnten auch in Gruppen Collagen zum Thema „Liebe als Rezept" oder „Was gehört zur Liebe?" gestalten. Dazu können sie Bilder aus Zeitschriften, eigene Zeichnungen, Photos, Texte, Lieder, usw. benutzen. Danach stellt jede Gruppe ihre Collage vor.

Didaktisiert von Helga Fasciano und Margit Palcisko

Anlage A

Gugelhupf- Rezept

Zutaten:

500g Mehl	¼ l Milch
250g Zucker	1 Päckchen Backpulver
200g Butter	½ geriebene Zitronenschale
6 Eier	oder 1 Päckchen Vanillezucker

Zum Ausfetten und Ausstreuen: Butter und Semmelbrösel
Zum Bestäuben: Puderzucker

Zubereitung:

Butter schaumig rühren, die Eier hinzugeben und mit Zucker, Mehl und der erwärmten Milch unter die Butter rühren. Dann ca. 3 Minuten schlagen, den Vanillezucker oder die geriebene Zitronenschale und das Backpulver hinzufügen, dann alles gut vermengen. Eine große Gugelhupfform mit Butter fetten, mit Semmelbrösel ausstreuen, den Teig einfüllen und den Gugelhupf bei mittlerer Hitze ca. 1 Stunde backen. Nach dem Abkühlen mit Puderzucker bestreuen.

Anlage B

Backe, backe Kuchen

aus: Das große Liederbuch. Hrsg. Anne Diekmann, Willi Gohl. Zürich. 1975.

Anlage C

Arbeitsblatt

Bitte lest das Gedicht und ordnet dann die folgenden Begriffe sinngemäß in die entsprechende Spalte ein:

Gewürz   Immer die Augen offen   Eintopf   Puderzucker

manchmal Den-Mund-Halten   Einverständnis   altbacken

schmecken   Vertrauen   Treue   Eifersüchteleien

Gugelhupf   Haltung bewahren   aufwärmen

Löffel   Hefe   Geschmacksverlust

LIEBE	ESSEN

Zehra Çirak

Fremde Flügel auf eigener Schulter

Du bist Rechtshänder ich bin Linkshändin [1]
wie selbstverständlich träumen wir vom Fliegen
Du hast einen Flügel auf deiner linken Schulter
und ich natürlich einen auf meiner rechten
so beim gemeinsamen Schwingen wünschen wir
Schulter an Schulter verwachsen abzuheben

Auf festem Boden
hier sind wir schon lange uns einig
aber wehe in den Lüften dort könnten wir
uns zerreißen
also halten wir verläßlich die Hände
meine linke in deiner rechten
und kratzen uns allabendlich
gegenseitig die juckenden Schulterblätter [2]

Aus: Fremde Flügel auf eigener Schulter. Köln. 1994.

Thema:	Liebe
Lernziel:	Spielerischer Umgang mit Sprache
Zielgruppe:	2./3. Jahr Deutsch
Materialien:	Kopien der Anlage, evtl. Folie
Zeitlicher Rahmen:	2 Stunden

1. Einstimmung in das Thema
1.1. Der Lehrer steigt in die Thematik ein, indem er den Schülern ein Bild von einem fliegenden Vogel zeigt.
1.2. Bei fortgeschrittenen Schülern könnte man fragen:
    -Wie fühlst du dich beim Fliegen?
    -Welche Wesen haben Flügel? (Ikarus, Pegasus usw.)
    -Wenn die Menschen Flügel hätten, an welcher Stelle würden sie wachsen?

---
[1] Eine Wortschöpfung von Çirak
[2] Lt. Çirak jucken die Schulterblätter, wenn Flügel wachsen

2. Texterschließung

2.1. Visuelles Diktat: Schülergruppen erhalten einen Umschlag mit Figurinen (s. Anlage A). Der Lehrer liest die erste Strophe des Gedichts nun zum ersten Mal langsam vor, und die Schüler sollen gleichzeitig versuchen, die Figuren und Flügel im Sinne des Gedichts zu legen. Zur Kontrolle könnte ein Schüler diese Aufgabe am Tageslichtprojektor veranschaulichen (Figurinen aus Folienmaterial).

2.2. Das Gedicht wird jetzt an die Schüler ausgeteilt. Sie sollen die erste Strophe still lesen. Unbekannte Wörter werden geklärt.

2.3. Die erste Strophe wird im Chor nachgesprochen.

2.4. Der Lehrer liest die zweite Strophe vor. Mögliche Verständnisfragen:
-Fliegen sie wirklich?
-Haben sie Angst? Warum? Warum nicht?
-Was könnte geschehen, wenn sie fliegen?

2.5. Die zweite Strophe wird im Chor nachgesprochen und einzeln vorgelesen.

3. Anwendung

3.1. Als Hausaufgabe sollen die Schüler das Gedicht auswendig lernen. Im Unterricht stellen sie dann in Paaren das Gedicht szenisch (gestisch, mimisch) dar, während ein dritter Schüler das Gedicht vorträgt.

Didaktisiert von Helga Fasciano und Margit Palcisko

Skulptur von Jürgen Walter

Anlage A

Visuelles Diktat

Bitte Figuren und Flügelteile ausschneiden! Schülergruppen erhalten jeweils einen Satz im Umschlag. Der Lehrer liest die erste Strophe des Gedichts langsam vor, und die Schüler sollen gleichzeitig versuchen, die Figuren und Flügel nach ihrem Textverständnis zu legen.

Schülerzeichnung

Zehra Çirak

Zusammenhänge

Wenn ich aufstehe folgt dein waches Auge mir
und wenn ich mich zum Schlafen niederlege
will dein Atem meiner Ruhe nach
aber weißt du daß wir hängen und schaukeln
zusammen von früh bis spät
und wir uns sorgen
jeder so für sich
um den Faden den noch dicken
der uns hält und uns verknotet

Und jedes Jahr ein Knoten mehr
da der zehnte sich gerade schlingt

Wenn du aufstehst folgt mein waches Auge dir
und wenn du dich zum Schlafen niederlegst
will mein Atem deiner Ruhe nach
wir wissen daß wir hängen und schaukeln
zusammen von früh bis spät

Aus: Fremde Flügel auf eigener Schulter. Köln. 1994.

Thema:	Liebe
Lernziel:	Spielerischer, sensibler Umgang mit Sprache
Zielgruppe:	2./3. Jahr Deutsch
Materialien:	Kopien der Anlagen, pro Schüler ein ca. ein Meter langes Band (oder Faden)
Zeitlicher Rahmen:	1-2 Stunden

1. Einstimmung in das Thema

Zur Einstimmung und Wortschatzeinführung (von „Faden", „Knoten" und „schlingen") ein **Spiel:** Der Lehrer bringt für jeden Schüler ein ca. ein Meter langes Band mit. Jeweils zwei Schüler werden „zusammengehängt". Dabei werden die Enden eines Bandes an den Handgelenken des ersten Schülers festgebunden. Danach wird das eine Ende des zweiten Bandes an einem Handgelenk des zweiten Schülers verknotet. Nun wird das lose Ende dieses Bandes um das erste Band geschlungen und anschließend am anderen Handgelenk des zweiten Schülers festgebunden. Die Aufgabe der Schüler ist es nun, ohne die Knoten an den Handgelenken zu lösen, sich voneinander zu befreien. (Das ist möglich!) Nachdem das erste Paar sich „befreit" hat, weist der Lehrer auf den Titel des Gedichts hin und erklärt anhand des Spiels die Bedeutung von „zusammenhängen".

2. Texterschließung

2.1. Das Gedicht wird vom Lehrer vorgelesen. Dann wird ein Arbeitsblatt mit einem Text verteilt (Anlage A), in dem für alle Personal- und Possessivpronomen Lücken gelassen wurden. Der Lehrer liest das Gedicht nun noch einmal vor. Die Schüler sollen dabei den Lückentext auf dem Arbeitsblatt mit den unten angegebenen Wörtern ausfüllen und den Unterschied zwischen der ersten und zweiten Strophe feststellen.

2.2. Mögliche Verständnisfragen:
- Was ist das zentrale Thema des Gedichts?
- Was bedeutet der Knoten?
- Was ist durch die letzte Strophe ausgedrückt?

3. Anwendung:

3.1. Der Lehrer teilt das Gedicht „Möchtegerne Gernemöchte" aus (Anlage B). Da es äußerst leicht verständlich ist, muß es nicht weiter erläutert werden. Die Schüler sollen nun „Zusammenhänge" und „Möchtegerne Gernemöchte" vergleichen.

Didaktisiert von Helga Fasciano und Margit Palcisko

Anlage A

Arbeitsblatt

1. Bitte füllt die Lücken während des Vorlesens aus! Alle Wörter im „Wortsalat" passen in das Gedicht.

   Zusammenhänge

   Wenn _____ aufstehe folgt _____ waches Auge _____
   und wenn _____ _____ zum Schlafen niederlege
   will _____ Atem _____ Ruhe nach
   aber weißt _____ daß _____ hängen und schaukeln
   zusammen von früh bis spät
   und _____ _____ sorgen
   jeder so für _____
   um den Faden den noch dicken
   der _____ hält und _____ verknotet

   Und jedes Jahr ein Knoten mehr
   da der zehnte sich gerade schlingt

   Wenn _____ aufstehst folgt _____ waches Auge _____
   und wenn _____ _____ zum Schlafen niederlegst
   will _____ Atem _____ Ruhe nach
   _____ wissen daß _____ hängen und schaukeln
   zusammen von früh bis spät

   _____

2. <u>Wortsalat</u>

   ich   dein   uns   mein   du   dir   wir   uns   deiner

   wir   mich   mir   ich   mein   meiner   du   wir

   sich   uns   wir   dich   dein   du

   _____

3. Wie unterscheidet sich die erste von der zweiten Strophe?

Anlage B

Zehra Çirak

Möchtegerne Gernemöchte

Ich mag dich
mag dich deshalb
weil du
wie ich so bist

Du magst mich
magst mich trotzdem
und obgleich ich
wie du so bin

Aus: Fremde Flügel auf eigener Schulter. Köln. 1994.

Zehra Çirak

Brief an meine Schwestern in meinen Heimaten

Ihr die ihr eure schönen köpfe bedeckt
weil es einer so will weil es so sein muß für euch
ich glaube an diesen einen und an euren glauben an ihn
meine schwestern die ihr in mir seid
euch nicht nach hüten und zweiteilern[1] sehnt
ja ich bin stolz auf euch
morgenstern ist mein name zehra
so bin ich stern doch mein morgen ist noch weit
von dieser zeit die jetzt um uns ist
ich will reifen zu einem guten morgen
der auf gute abende warten kann
nur meine schwestern fatma remziye oder emine
laßt mir zeit lächelt mich an doch lacht mich nicht aus
ich möchte eure bedeckten haare streicheln
eure schwester sein
wenn ihr beim namaz[2] kniet und betet
sind meine gedanken bei euch
schaut
manchmal ganz heimlich setze auch ich mir für sekunden nur
ein kopftuch auf

Aus: „Gehversuche". In: „Sie haben mich zu einem Ausländer gemacht... ich bin einer geworden". Anthologie. Hrsg. Norbert Ney. Hamburg. 1984.

Thema:	Zwei Heimaten
Lernziel:	Leben zwischen den Kulturen und die kulturelle, religiöse Bedeutung der Kopfbedeckung in diesem Gedicht verstehen lernen.
Zielgruppe:	2./3. Jahr Deutsch
Materialien:	Kopfbedeckungen Folien oder Kopien von Anlagen

Zeitlicher Rahmen: 1 Stunde

1. Einstimmung in das Thema

1.1. Die Schüler bringen verschiedene Kopfbedeckungen oder Bilder von Kopfbedeckungen in den Unterricht. Sie zeigen ihre Kopfbedeckungen und lassen sie von den anderen benennen (z. B. Anna hat einen Strohhut. Der ist modisch und schützt vor der Sonne).

---

[1] Kleidungsstück aus zwei Teilen, z. B. Kostüm oder Hosenanzug
[2] Persönliches Gebet - Bezeichnung für den fünfmal täglich stattfindenden Gebetsgottesdienst des Islams

1.2. Der Lehrer zeigt die Folie/das Blatt „Kopfbedeckungen" (Anlage A) und läßt die verschiedenen Kopfbedeckungen benennen. Diese werden Überbegriffen zugeordnet (z.B. Religion). Dann zeigt er die Folie „Heimaten"(Anlage B) und fragt: Welche Kopfbedeckungen würde man in diesen „Heimaten" tragen? Welche Religionen gibt es in diesen Ländern?

1.3. Assoziogramm zu Heimat auf Folie oder Tafel

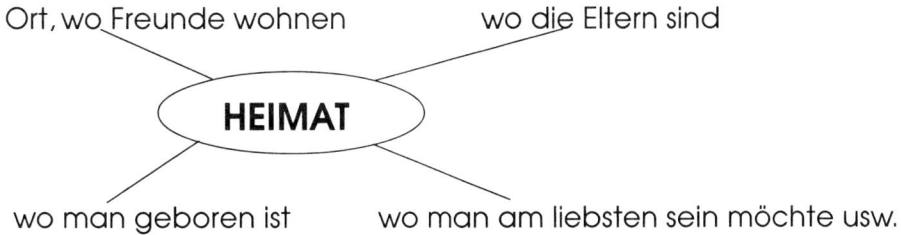

2. Texterschließung

2.1. Erstes Lesen: Der Lehrer liest das Gedicht vor. Frage an die Schüler: Von welchen „Heimaten" ist die Rede?

2.2. Der Lehrer zeigt eine Landkarte von Europa und läßt die Schüler die Türkei finden. Er erklärt, daß die Autorin als Kleinkind mit ihrer Familie nach Deutschland kam und seitdem dort lebt.

2.3. Zweites Lesen: Der Text wird an alle verteilt und still gelesen. Dann sollen die Schüler in Gruppenarbeit folgende Fragen beantworten:
 - Warum schreibt die Autorin wohl alles klein?
 - Warum bedecken die Schwestern ihre Köpfe?
 - Wer will das?
 - Was ist der Glaube der Autorin?
 - Wofür stehen „Hüte" und „Zweiteiler"?
 - Warum ist der Name „Zehra" wichtig?
 - Was ist die Bedeutung der Zeilen 8-11?
 - Was ist der Unterschied zwischen „anlächeln" und „auslachen"?
 - Welche Gefühle hat die Autorin für ihre Schwestern?

Die Gruppen tragen ihre Antworten im Plenum vor.

2.4. Drittes Lesen: Schüler lesen das Gedicht vor.

2.5. Wortschatzübung: Lückentexte für fortgeschrittene und weniger fortgeschrittene Schüler (Anlagen C und D).

3. Anwendung:

3.1. Als Hausaufgabe schreibt jeder einen Brief oder ein Gedicht zum Thema „Heimat".

Didaktisiert von Elisabeth A. McCorcle

Anlage A

Anlage B

Anlage C

Arbeitsblatt
für Fortgeschrittene

Bitte setzt zwei sich reimende Wörter in jeden Satz ein:
("Schwestern, auch, Sekunden, Gedanken, gern" passen in die zweite Satzlücke)

Lückengedicht:

1. _____ schrieb ich einen Brief an euch meine _____ .
2. Ich heiße _____ und ich habe euch _____ .
3. Zwischen uns gibt es manche _____ doch oft wandern zu euch meine _____ .
4. Ihr habt immer euer Kopftuch _____ und ich tue das manchmal heimlich _____ .
5. Ihr tragt euer Kopftuch immer für _____ und ich tue das manchmal nur für _____ .

Antworten: 1. Gestern/Schwestern. 2. Morgenstern/gern. 3. Schranken/Gedanken. 4. auf/auch. 5. Stunden/Sekunden.

Anlage D

Arbeitsblatt
für weniger Fortgeschrittene.

Bitte setzt eines der folgenden Wörter so ein, daß es sich mit dem unterstrichenen Wort reimt:

Schwestern, auch, Sekunden, Gedanken, gern

Lückengedicht:

1. <u>Gestern</u> schrieb ich einen Brief an meine _____ .

2. Ich heiße <u>Morgenstern</u> und ich habe euch _____ .

3. Zwischen uns gibt es manche <u>Schranken</u> doch oft wandern zu euch meine _____ .

4. Ihr habt immer euer Kopftuch <u>auf</u> und ich tue das manchmal _____ .

5. Ihr tragt euer Kopftuch immer für <u>Stunden</u> und ich trage es für _____ .

Zehra Çirak

Nicken mit dem Kopf heißt nein

nicken mit dem kopf heißt nein
zu hause wird nicht geweint
da schreien stumme zungen
augen blitzen ping pong spiele
allgemeine schweigepflicht

                  zu Hause wird nicht gesprochen
                  da schweigen laute münder
                  hinter den augen liegt die wut
                  ignorieren ist da pflicht
                  und nicken mit dem kopf heißt nein

Aus: „Gehversuche". In: „Sie haben mich zu einem Ausländer gemacht.... ich bin einer geworden". Anthologie. Hrsg. Norbert Ney. Hamburg. 1984.

Thema:	Familienkonflikt
Lernziel:	Die Widersprüche im Gedicht erkennen und reflektieren.
Zielgruppe:	2./3. Jahr Deutsch
Materialien:	Folien oder Kopien von Anlagen
Zeitlicher Rahmen:	1-2 Stunden

1. **Einstimmung in das Thema**

1.1. Die Schüler sollen sich in Gruppenarbeit Verhaltensweisen überlegen, wenn man sich ärgert. Die Begriffe werden an der Tafel gesammelt.

2. **Texterschließung**

2.1. Erstes Lesen: Der Lehrer liest das Gedicht vor.

2.2. Zweites Lesen: Die Schüler erhalten eine Kopie des Gedichts und des Arbeitsblattes (Anlage A). Sie lesen das Gedicht und sollen in Partnerarbeit eine passende Zeile aus dem Gedicht heraussuchen und neben die entsprechende Zeichnung schreiben (z.B. Nicken mit dem Kopf heißt nein) und so die Widersprüche im Text entdecken.

2.3. Drittes Lesen: Ein Schüler liest das Gedicht vor, und ein zweiter stellt es pantomimisch dar.

2.4. Wortschatzübung: Arbeitsblatt (Anlage B)

3. **Anwendung**

3.1. Es bietet sich die Möglichkeit einer Diskussion: Was könnte ein Teenager tun, um diese Situation des Schweigens zu überwinden, oder was könnten die Eltern tun?

Didaktisiert von Elisabeth A. McCorcle

Anlage A

<u>Arbeitsblatt</u> zum Gedicht „Nicken mit dem Kopf heißt nein"

Bitte findet Zeilen im Gedicht, die zu den Zeichnungen passen!

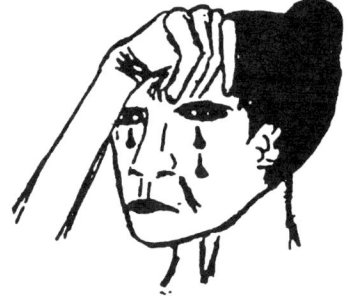

Anlage B

Arbeitsblatt zu dem Gedicht „Nicken mit dem Kopf heißt nein"

1) Sucht zu jedem Ausdruck ein passendes Synonym!

  A. weinen   1. Freude zeigen
  B. Augen blitzen   2. still sein
  C. schweigen   3. Tränen vergießen
  D. laut   4. sprachlos sein
  E. stumm   5. nicht zur Kenntnis nehmen
  F. ignorieren   6. Zorn
  G. Wut   7. Dienst, Schuldigkeit
  H. Pflicht   8. Blicke werfen
  I. lachen   9. ja sagen, einverstanden sein
  J. nicken   10. Krach machen, Lärm erzeugen

2) Wie sollte es zu Hause sein?

   Setzt ein passendes Wort ein, das das Gegenteil zu dem Gedicht ausdrückt!

   1. Zu Hause soll man _____ .

   2. Zu Hause darf man _____ .

   3. Hinter den Augen liegt keine _____ .

   4. Zu Hause kann man _____ .

   5. Zu Hause heißt „Nicken mit dem Kopf" _____ .

Zehra Çirak

GEFLÜCHTET

und dann
bin ich einfach nicht mehr da
ihr schaut euch nicht um
nach mir
werdet selten sagen
wie schön es war
alles wird bleiben
für euch
nehme nichts mit
dafür bin ich fort
fühle mich jetzt schon so sehr
verlaufen
möchte den weg zurück
doch es ist die einbahnstraße
vor der ich mich fürchtete
die ich umgehen wollte
in die ich geriet

Aus : Türken deutscher Sprache. Anthologie. Hrsg. Dr. Irmgard Ackermann. dtv. München. 1984.

Thema:	Flucht von zu Hause
Lernziel:	Die Idee der „Einbahnstraße" reflektieren und mögliche Lösungen diskutieren.
Zielgruppe:	3./4. Jahr Deutsch
Zeitlicher Rahmen:	1-2 Stunden

1. Einstimmung in das Thema

1.1. In Gruppen erarbeiten die Schüler Beispiele zu dem Thema „Flucht", die sie aus der Literatur oder der Geschichte kennen.
   -Wer flüchtet und aus welchen Gründen?
   -Wann ist Flüchten der richtige bzw. falsche Weg?
   Im Plenum werden die Gruppenergebnisse vorgetragen.

2. Texterschließung

2.1. Erstes Lesen: Der Lehrer teilt das Gedicht aus und liest es vor.

2.2. In Partnerarbeit sollen die Schüler die folgenden Fragen beantworten:
   -Wer ist in diesem Gedicht geflüchtet?
   -Wer ist wohl mit „ihr" gemeint?
   -Warum fühlt sich die Person „verlaufen"?
   -Was bedeutet Einbahnstraße in diesem Gedicht?
   -Manchmal fehlen explizite Personalpronomen. Warum wohl?
   Im Plenum werden die Antworten besprochen.

2.3. Zweites Lesen: Schüler lesen das Gedicht vor.

3. Anwendung:

3.1. Welche Situationen kennt ihr aus eurem Leben, die nicht rückgängig gemacht werden können? (z.B. erwachsen werden, Gesundheitsschäden durch Drogenabhängigkeit, usw.)
Bedeutet Einbahnstraße immer Ausweglosigkeit?
Ideen werden auf der Tafel festgehalten und diskutiert.

3.2. Schüler schreiben einen Brief an eine imaginäre Person, die in eine Einbahnstraße geraten ist. Sie sollen dieser Person Hoffnung machen, Ratschläge geben oder Hilfe anbieten.

Didaktisiert von Elisabeth A. McCorcle

Zehra Çirak

ISTANBUL

Von Istanbul bis Istanbul
ist weit
ist weit geworden
mein Weg wohin nach Istanbul
ist schmal ist breit wie Istanbul
und Bosporus fließt in mir
in meinen Adern nur Blut
salzig und ohne ein Blau wie das Meer
die Windmühlen drehen sich nicht mehr
in Istanbul ist
Windstille
in mir ist weit geworden
Istanbul
wie Sonnenblumenfelder
sich der Sonne zuwenden
drehe ich mich im Kreise
und suche Istanbul

Aus : Vogel auf dem Rücken eines Elefanten. Köln. 1991.

Dieses Gedicht wurde nicht didaktisiert.
Es paßt aber zum Thema „Leben zwischen den Kulturen", das Zehra Çirak in den anderen hier didaktisierten Gedichten anspricht.

Zehra Çirak

Kein Sand im Rad der Zeit

Ich stehe in der U-Bahn an die Wand gelehnt
schweigend schaukle ich in der U-Fahrt
fünf Jungs und zwei Mädels kommen auf mich zu
schwankend im Laufe der Geschwindigkeit
festen Blickes fixieren sie mich
und grinsen sich immer näher
ich versuche die sieben zu ignorieren
die anderen Fahrgäste sind alle
mit sich selbst beschäftigt
die sieben stehen nun
kaum noch einen Schritt vor mir
der eine und die andere holt aus
zum Schlag
noch einmal noch mal
die anderen johlen begeistert
jetzt bin ich Neger—Jude—Ausländer—
Penner—oder anderswer
nein sie sehen nicht was ich wirklich bin
jetzt nur noch ein geschlagenes Ding
ich höre noch ein kleines Kind
das ängstlich Mama ruft
und die anderen Fahrgäste machen sich
bereit zum Aussteigen
ich falle um
ich bin ein Fahrrad
mein Besitzer ist
ein Neger—ein Jude—ein Ausländer
der mit Vorausahnungen
schon eine Station früher ausgestiegen war
von nun an bin ich
nichts mehr—nur ein Fahrrad

Aus: Fremde Flügel auf eigener Schulter. Köln. 1994.

Thema:	Gewalt, Bedrohung
Lernziel:	Bewußtmachung von Gewalt in unserer Gesellschaft
Zielgruppe:	3./4. Jahr Deutsch
Materialien:	Kopien von Anlagen Kopie des Textes auf Folie/Blatt Bilder, auf denen Gewalt dargestellt ist
Zeitlicher Rahmen:	2 Stunden

1. Einstimmung in das Thema

1.1. Assoziogramm zur Frage:
-Welche Verhaltensweisen und Gesten findet ihr bedrohlich?
Zur Vorbereitung auf den Text sollen Wörter wie fixieren, grinsen usw. ins Assoziogramm aufgenommen werden.

2. Texterschließung.

2.1. Erstes Lesen: Der Lehrer liest das Gedicht langsam vor (ohne den Titel und ohne das Wort Fahrrad). Schüler stellen das Gedicht szenisch-pantomimisch dar. Rollenverteilung: Ich, einige Jungs, 2 Mädchen, ein kleines Kind, Fahrgäste.

2.2. Der Lehrer legt eine Folie mit dem Gedicht auf den Tageslichtprojektor oder teilt ein Blatt aus ohne den Titel und ohne das Wort Fahrrad (Zeile 25 und Zeile 31). „Wer ist 'ich' im Gedicht?" Antworten werden gesammelt und diskutiert. Der Lehrer gibt dann das fehlende Wort bekannt: Fahrrad.

2.3. In Partnerarbeit beantworten Schüler Verständnisfragen:
-Was ist das Thema?
-Wissen die Fahrgäste, was passiert?
-Wann hat der Besitzer das Fahrrad in der U-Bahn gelassen und warum?
-Unterstreicht Wörter der Bedrohung!
-Wie könnte der Titel des Gedichts lauten?
Im Plenum werden die Antworten besprochen.

2.4. Die Schüler suchen einen passenden Titel zum Gedicht. Dann macht der Lehrer den Titel bekannt: KEIN SAND IM RAD DER ZEIT. Die Schüler besprechen in Gruppen, was diese Metapher bedeutet und ob sie zu dem Gedicht paßt.

3. Anwendung

3.1. Hausaufgabe: Die Schüler schreiben einen kleinen Prosatext oder ein Gedicht aus der Perspektive der Fahrgäste, der Jugendlichen usw.

3.2. Rollenspiel: Der Lehrer zeigt den Schülern einen Text/Bilder/Fotos von Gewaltanwendung. Die Schüler sollen sich vorstellen, daß sie Zeugen sind. Nach einer Vorbereitungszeit spielt ein Schüler die Rolle des Interviewers, und die anderen Schüler sind Zeugen. Warum, meint ihr, ist es zu dieser Gewaltanwendung gekommen? Im Plenum werden die Antworten besprochen.

3.3. Diskussion von Gewalt und Bedrohung im eigenen Land/Staat:
-Was führt zur Gewaltanwendung?
-Welche Strategien ermöglichen es, Gewalt zu vermeiden?

Didaktisiert von Gudrun Escudie, Carol Ann Moon, Linda Kay Clements

Zehra Çirak

Doppelte Nationalitätsmoral

Die Socken
rot mit weißem Stern im Sichelmond
die Schuhe schwarz rot gold
für viele ist es wie ein warmer Fuß
im kalten Schuhwerk
für andere
ein Doppelknoten
in einem
nur schnürsenkellangen Leben
aber das
auf heißem Boden

Aus: Vogel auf dem Rücken des Elefanten. Köln. 1991.

Thema:	Nationalitätszugehörigkeit
Zielgruppe:	Ab 1. Jahr Deutsch
Materialien:	Eine türkische Fahne als Realie oder Bild
Zeitlicher Rahmen:	1 Stunde

1. Einstimmung in das Thema
1.1. Assoziogramm: Türkische Fahne und deutsche Fahne. Erkennt ihr diese Fahnen? Was fällt euch dazu ein? Ideen der Schüler werden festgehalten.

2. Texterschließung
2.1. Erstes Lesen:
   Der Lehrer gibt den Schülern den Text ohne Titel.
   In Partnerarbeit lesen die Schüler das Gedicht
   und beantworten Fragen zum Inhalt:

   -Was symbolisieren die Socken und die Schuhe?
   -Warum ist für viele der Fuß warm?
   -Und warum sind die Schuhe kalt?
   -Wie ist das Leben für andere?
   -Was bedeutet hier „Doppelknoten" und „schnürsenkellanges Leben"?
   -Warum ist der Boden heiß?
   Im Plenum werden die Antworten diskutiert.
2.2. Zweites Lesen:
   Schüler lesen das Gedicht vor.
2.3. Sie geben dem Gedicht selbst einen Titel, bevor sie den Originaltitel erfahren.

3. Anwendung
3.1. Hausaufgabe: Über zwei Nationalitätszugehörigkeiten schreiben.
   Fahnen oder Fotos dazu mitbringen und beschreiben.

Didaktisiert von Linda Kay Clements, Gudrun Escudie, Carol Ann Moon

Şinasi Dikmen: „Deutschlandmärchen"

1 Deutschland, ah Deutschland, ich sage Dir lieber Bruder, nichts in der Welt als Deutschland, ein wahres Paradies, wenn es überhaupt eines gibt. Bist Du mal auf einer Autobahn gefahren, schnurgerade, saubere, wunderschöne Autobahn, auf der anderen Seite kommen sechs Autos nebeneinander, so breit, auf andere Seite fahren wieder sechs Autos nebeneinander(1), so doll.(2) Die Autos sind auf der Autobahn keine Autos mehr, sie sind Flugzeuge, nein, nein, Raketen, sie fahren so schnell, nicht mal eine Kugel kann sie erreichen. Wozu erzähle ich Dir das denn? Wenn Du noch nicht auf einer deutschen Autobahn gefahren bist, kannst Du es nicht wissen. Kapieren (3) kannst Du es auch nicht. Die anderen Straßen sind so sauber, daß Du Deine eigene Spucke ablecken kannst. Im Sommer glänzen sie wie Gold. Die sind alle gut beleuchtet. Verlierst Du einen Pfennig auf der Straße, so siehst Du ihn schon aus zehn Meter Entfernung. Rechts, links grüne Bäume.

(1) Normalerweise hat eine Autobahn 2-4 Spuren. Man darf nur links überholen.
(2) toll, großartig
(3) verstehen

2 Die Autos, die Autos; ich kann Dir nicht sagen, wieviele. Tausende, Abertausende, Millionen. Grüne, gelbe, rote, blaue, gestreifte Autos, alle Arten, alle Baujahre. Die Deutschen pflegen ihre Autos so gut, als wären sie ihre eigenen Kinder. Du kannst in Deutschland einem Kind eine Schelle geben (1), es passiert nichts. Aber wenn Du ein Auto irgendwie kaputt machst, wird der gute Deutsche böse. Jeder hat ein Auto. Wenn Du mal achtzehn bist (2), kriegst Du sofort ein Auto, wie bei uns jeder einen Esel hat, oder haben muß. Ein Auto zu kriegen ist so leicht, das gibt´s nicht.

In Deutschland gibt es Fabriken, die selbst Fabriken machen. Eingezäunte, große, von uniformierten Pförtnern bewachte Fabriken. Um von einem Büro zu anderen gelangen, brauchst Du unbedingt ein Auto, sonst bist Du den ganzen Tag unterwegs. Wenn Du mal im Schichtwechsel Deinen Bruder verlierst, kannst Du ihn nicht mehr sehen. So viele arbeiten in Fabriken. Weißt Du lieber Bruder, entschuldige, das kannst Du nicht wissen, weil Du Dir so was nicht vorstellen kannst. Das überschreitet die Grenzen Deiner Vorstellung.

(1) Jemandem eine Ohrfeige geben
(2) Mit 18 kann man in Deutschland den Führerschein machen

3 Das muß ich Dir auch erzählen: Die Deutschen sind anständige, ehrliche Leute. Wenn Du mal Deinen Geldbeutel verlierst, egal wo, ob in der Fabrik, im Klo (1), auf der Straße, im Geschäft, sogar im Puff (2), bete zu Gott, daß Dein Geldbeutel von einem Deutschen gefunden wird. Du bekommst ihn sofort wieder bei der Polizei. Wie das geschieht, willst Du wissen, nicht wahr? Ich werde es Dir erklären: entweder kommt die Polizei mit Deinem Geldbeutel zu Dir, oder sie rufen Dich an, bitten Dich, seien Sie so nett, würden Sie mal bei uns vorbeikommen, Ihr Geldbeutel wurde bei uns abgeliefert und das belastet uns sehr, holen Sie ihn bitte ab. Du glaubst mir vielleicht nicht, das ist Deine Sache. Ich muß Dir sagen, was ich gesehen, gehört und selbst erlebt habe. Jawohl, so höflich bitten die Polizisten Dich. Willst Du mich was fragen? Du brauchst es nicht, ich weiß schon. Was die deutschen Polizisten überhaupt tun? Ehrlich gesagt, ich weiß es selbst nicht. Ich vermute aber, daß sie nur da sind, um den anderen Menschen zu helfen. Sie haben Pistolen, grüne Uniformen, lächelnde Geschichter. Ob sie noch Arbeit haben?... Trotzdem gibt es Polizisten.

(1) Klosett, Toilette
(2) Bordell

4 Die Deutschen sind ehrlich, anständig, freundlich, höflich, hilfsbereit, immer lächelnd. Angenommen, Du hast einen Greis auf der Straße nach irgendeiner Adresse gefragt. Kennt er sich nicht gut aus, so geht er in eine Telefonkabine, es muß irgendwo irgendeine Stelle oder ein Amt geben, er fragt dieses Amt, wo die Adresse ist. Wenn er von Dir erfährt, daß Du Türke bist, oh lieber Gott, dann weiß er nicht mehr, was er noch für Dich tun soll. Zum Essen einladen, zum Biertrinken, oder nach Hause mitnehmen, oder, oder,... ich kann Dir nicht alles einzeln erzählen. Es gefällt mir nur das Eine nicht bei den Deutschen, daß sie nicht eifersüchtig sind. Du weißt ja, was unser Hodscha (1) gesagt hat: Wer Schweinefleisch ißt (2), ist nicht mehr so eifersüchtig auf sein Weib. Deshalb darfst Du vor den Augen des deutschen Mannes mit seiner Frau tanzen. Tanzen ist - Du hast das bestimmt mal im Kino gesehen - Du umarmst die Frau fest und machst Bewegung, es ist egal wie. Du darfst nur nicht stehenbleiben, immer hin und her bewegen. Bei jeder Bewegung machst Du Dich an die Frau noch heran und...

(1) Türkisches Wort: geistlicher Lehrer
(2) Muslime essen kein Schweinefleisch

5 Die deutschen Frauen: Goldblonde Haare, die Dich warm machen, schöne explodierende blaue Augen. Sieh sie Dir nur einmal an, dann entsteht in Deinem Inneren ein warmes, berauschendes, Dich verrücktmachendes Gefühl. Sie, die Frauen meine ich, sind so schön, so fein. Mit denen kannst Du nicht schlafen, weil Du das nicht schaffst, Du Idiot, hast Du das noch nicht kapiert, die machen Dich auf der Stelle kaputt. Sie sind wie junge Ponys. Im Sommer sind sie nackt, jawohl nackt. Natürlich kannst Du nicht alles sehen, lieber Gott, woran denkst Du gleich. Man muß nicht alles sehen. Ich muß Dir was Intimes sagen; die haben alle Haare da unten, Du weißt schon, was ich meine.

6 Die deutschen Kinder, die sind süß... wie ihre Mütter. Hast Du mal einen blonden Kopf gesehen, mit blauen Augen geschmückt, noch dazu ein immer lachendes Gesicht, ja das sind die deutschen Kinder. Unsere Kinder sehen wie Erwachsene aus, so verbraucht, so traurig. Das habe ich nicht kapiert, warum unsere so, die deutschen Kinder so aussehen... Die deutschen Kinder sind gehorsam. Hat die Mutter gesagt, setz Dich hin, so setzt sich das Kind sofort hin. Und wartet darauf, daß die Mutter sagt: aufstehen.

7 Gehe mal in ein deutsches Gasthaus, wunderbarer Service, sauberes Essen, billig. Ein Hähnchen, schön gebraten, zwei, drei DM. Ich gebe Dir einen Rat, wenn Du in ein deutsches Gasthaus gehst, so mußt Du sagen, daß Du kein Schweinefleisch essen darfst. Sonst bringen sie Dir sofort ein Stück. Das ist die andere schlechte Seite der Deutschen, sie essen viel Schweinefleisch. Aber was soll's. Wenn sie sündigen wollen, dann sollen sie. In deutschen Gasthäusern arbeiten meistens Frauen. Wenn Du mit einer dieser Frauen was anfangen willst, dann, lieber Freund, mußt Du warten, bis die Frau Dienstschluß gemacht hat, weil in Deutschland im Dienst nur gearbeitet wird. Diese Frauen werden immer als Fräulein angesprochen. Fräulein sind die, die nicht verheiratet sind. Das sagen sie so, aber wenn Du mich fragst, ohoho...

8 Die Bahnhöfe in Deutschland sind eine wahre Attraktivität, nicht wie bei uns. Bei uns sind sie wie Friedhöfe; mal steigt ein müdes Gesicht ein, mal steigt ein abgeschlaffter Körper aus. Die deutschen Bahnhöfe sind lebendige Bahnhöfe, rund um die Uhr, Hunderte, Tausende von Zügen fahren ab, kommen an, fröhliche, sorglose Menschen steigen ein und aus. In den Bahnhöfen findest Du alles, von der Zeitung bis zur Hure, da ist es Dir nie langweilig. Wir Türken gehen meistens nach der Arbeit zum Bahnhof. Wir treffen uns da, sehen uns das Treiben an, unterhalten uns. Die Zeit geht schneller vorbei, noch dazu ist alles umsonst. Wenn man das zum erstenmal sieht, wird man schwindelig. Du brauchst nichts zu sagen, Du wirst nicht schwindelig. Genauso schwindelig wirst Du, wenn Du in ein Kaufhaus gehst. Acht, zehn Stockwerke mit elektrischen Treppen. Du hast nicht kapiert, nicht wahr, was das für Treppen sind? Die gehen so, hör genau zu: Du stellst Dich hin auf die Treppe, aber vorsichtig, sonst brichst Du Dir die Knochen, dann brauchst Du keine Schritte mehr zu machen. Das heißt, die Treppe macht Schritte für Dich.

9 Voll Waren sind diese Kaufhäuser, alles, was Du brauchen kannst, alles, was Du nicht denken kannst, alles, Möbel, elektrische Geräte, Fotoapparate, Schmuck, Textilwaren, Obst, Lebensmittel. Die Abteilungen, weißt Du, die Abteilungen sind so schön hergerichtet. Was eine Frau braucht, kann sie in der Frauenabteilung finden. Ein Mann geht in die Männerabteilung. Kinderabteilungen sind nur für Kinder. In einer Minute kaufen Tausende von Menschen gleichzeitig. Weißt Du was? Die Deutschen sind nicht normal. Sie kaufen alles, wie Verrückte. Ob sie alles benötigen? Aber kaufen tun sie es. Wir Türken warten auf den Tag, an dem alles doppelt billig verkauft wird (1). An solchen Tagen kaufen nur wir, weil die Deutschen das ganze Jahr gekauft haben und jetzt nichts mehr kaufen können.

(1) Zweimal im Jahr gibt es Schlußverkauf: Sommer- und Winter-Schlußverkauf.

10 Die deutschen Wälder; Du, die Bäume reichen bis zu den Sternen. Schöne Straßen gehen durch die Wälder. Du wirst mir nicht glauben, Frauen und sogar Kinder gehen darin spazieren, Tag und Nacht, ganz allein gehen sie spazieren (1). Die deutschen Frauen sind keine Angsthasen (2) wie unsere, es passiert ihnen nichts in den Wäldern, aber trotzdem sind die deutschen Frauen keine Angsthasen. Die deutschen Wälder sind immer grün, Sommer und Winter, Frühling und Herbst, als wären sie grün gestrichen. In den Wäldern leben Hasen, Füchse, Rehe, Hirsche, ganz frei. Niemand tut den Tieren was. Sie laufen in den Wäldern, und die Menschen laufen in den Wäldern.

(1) Die Deutschen wandern gern und gehen gern spazieren.
(2) Feiglinge

11 In Ulm gibt es eine Kirche, zehnmal so groß wie unsere Moschee. Und paß mal gut auf jetzt: Die Kirchen haben auch Minarette. Du staunst? Macht nichts. Ich habe auch gestaunt, als ich das zum erstenmal gesehen habe. Ja, die Kirchen haben auch Minarette. Ich habe noch keinen Müezzin (1) gesehen, ich weiß noch nicht, was sie damit machen.

(1) Gebetsrufer im Islam

12 Ich muß Dir auch noch was über das deutsche Fernsehen erzählen. Sie fangen mit ihrem Programm schon mittags um 12 Uhr an, und es dauert bis 24 Uhr, manchmal bis 2 Uhr. Mindestens sechs verschiedene Fernsehprogramme gibt es, alle in Farbe, in prächtiger Farbe. Musik, Film, Cowboyfilme, Kriminalfilme, Liebesfilme. Ich habe mir bei einem deutschen Kollegen, der mich schätzt, den ich mag- übrigens hat er eine wunderschöne Frau, sie wollte was von mir, aber die ist schließlich die Frau von einem Freund, Du weißt ja, so was steht nicht in unserem Buch - einen Liebesfilm angeguckt. Das war wahnsinnig. Der Film hat mich verrückt gemacht, so viele Nacktszenen. Der Busen der Frau, die...der Frau, und der...des Mannes alles war zu sehen. Ich habe mich so geschämt. Stell Dir mal vor, Du siehst das alles, wenn eine Frau dabei ist? Ich bin rot geworden. Der Frau meines Freundes hat es nicht so viel ausgemacht, glaube ich. Sie hat es zusammen mit uns angesehen. In Deutschland ist alles normal. Niemand sagt was, wenn Du das so tust, und nicht so. Jeder lebt für sich. Die Omas und Opas werden von ihren eigenen Kindern in Häuser gesteckt, die Altersheime heißen, damit sie die Kinder nicht stören. Das ist natürlich nicht gut, aber sie sind auch Menschen, die Deutschen, sie haben auch ihre Fehler.

13 Geldverdienen ist in Deutschland kinderleicht. Obwohl ich ein bißchen verschwenderisch bin, spare ich so viel, daß ich mir zwei Wohnungen in Samsun (1) kaufen kann. Du arbeitest wenig und verdienst trotzdem viel. Für jeden gibt es Arbeit. Ob Du blind oder taub bist, Du kriegst Arbeit. Ich kenne jemanden, der im Rollstuhl sitzt und dennoch arbeitet. Wenn Du in Deutschland fleißig bist, dann ist alles in Ordnung. Die Meister, die Chefs und die Kapos (2) sind so freundlich, so hilfsbereit. Ich hab einen Meister, Herr Schmidt heißt er, der ist ein wunderbarer Mensch. Wenn ein Ungläubiger in den Himmel dürfte, wäre er es bestimmt. Er trinkt zwar ein bißchen viel Bier, ich habe ihn aber noch nicht besoffen gesehen. Er hat ein rotes Gesicht, dick ist er auch. Arbeiten tut er wie verrückt, wenn es darauf ankommt. Er mag mich gern. Er macht Spaß mit mir, ich lache mit ihm. Er sagt immer zu mir: „Du Kümmeltürke" (3). Ich mag ihn wie meinen eigenen Bruder, Ismail. Einmal hatte ich weniger Geld bekommen als sonst. Als er das erfahren hat, ist gleich ins Lohnbüro gegangen, hat mit den Leuten drin geschimpft, geschwätzt, gewartet, bis alles in Ordnung ist. So rührend hat er sich um mich gekümmert. Wenn ich auf Urlaub hierher komme, wünscht er, daß ich ihm Teppiche, goldene Ringe oder Lederwaren bringe. Er bezahlt auch, aber ich will das nicht. Nein, nein, er ist ein hervorragender Mensch. Wenn jeder Türke in Deutschland so einen Meister hätte wie ich, wollte keiner in die Türkei zurück.

(1) Türkische Heimatstadt von Şinasi Dikmen
(2) Arbeitsgruppenführer
(3) Spießbürger (benutzt als Schimpfwort)

14 Nach Problemen in Deutschland fragst Du? Es gibt keine Probleme, sie haben alle gelöst. Politikerprobleme haben sie auch keine. Die deutschen Politiker sehen nicht wie Politiker aus. Die sind ganz normale Deutsche. Ich habe das mal im Fernsehen gesehen, sie setzen sich zusammen, die Politiker von allen Parteien, sprechen ganz leise, verabschieden sich freundlich voneinander.

15 Ich sage Dir was: Wenn Du später mal sagen willst, ich habe in dieser Welt gern gelebt, habe sie gern erlebt, ich habe mein Leben genossen, jetzt kann ich meine Augen zuschließen, dann lieber Freund, jawohl dann mußt Du in Deutschland gewesen sein.

Aus : Wir werden das Knoblauchkind schon schaukeln. Berlin. 1987.

*Numerierung der Abschnitte zur leichteren Texterschließung.

Didaktisierung von „Deutschlandmärchen"

Thema:	Zwei Leben in Deutschland: Ironie, Verallgemeinerung, Stereotypen Die folgenden Textabschnitte werden bearbeitet: 1 bis 4, 6, 8, 10, 13, 14.
Lernziel:	Die Schüler sollen den Text literarisch und sozialkritisch erkennen und verstehen.
Zielgruppe:	3./ 4. Jahr Deutsch
Materialien:	Kopien der Anlagen, Farbstifte, Zeichenpapier, Klebestreifen
Zeitlicher Rahmen:	3-4 Stunden

1. Einstimmung in das Thema

Stilmittel:

Die hier gemachten Arbeitsvorschläge 1.1-1.6 sind fakultativ. Die Stilmittel Ironie, Perspektive, Stereotypen, Verallgemeinerungen können auch nach der Texterschließung einzelner Abschnitte erörtert werden. Andererseits sind vielleicht den Schülern die Stilmittel schon aus ihrem muttersprachlichen Unterricht bekannt.

1.1. Was ist <u>Ironie</u>? Arbeitsblatt (Anlage A) gibt Beispiele für ironische Bemerkungen, die von den Schülern ergänzt und diskutiert werden.

1.2. Zusammenfassende Diskussion: Warum machen Leute solche Bemerkungen?

Antworten sammeln, evtl. in der Muttersprache der Schüler. Beispiele für Antworten: Weil sie nicht die Wahrheit sagen wollen, weil sie unzufrieden sind, weil sie nichts Negatives sagen wollen, weil sie witzig sein wollen, weil sie übertreiben, weil sie verallgemeinern usw.
Sehr oft ist das Gegenteil von dem gemeint, was gesagt wird. Wir verstecken die Wahrheit.

1.3. Was ist <u>Perspektive?</u> Was bestimmt die Einstellung eines Menschen? Der Lehrer schreibt z.B. die folgenden Wörter an die Tafel:

Alter	Aussehen	Wohnort	Nationalität	Lebenserfahrung
Kultur	Erziehung	Geschlecht (männlich/weiblich)		
Land/Stadt	Religion	Beruf	Familie	
Tradition	Freunde	Geburtsort	Schulbesuch	

Die Schüler sollen die Wörter, die eine persönliche Perspektive/Meinungsbildung beeinflussen, aus diesem Wortsalat heraussuchen. Sie werden sehr schnell feststellen, daß alle Wörter zutreffen!

1.4. Verschiedene Leute sehen dieselben Sachen anders, aus einer anderen Perspektive. Ein älterer Mann sieht etwas anders als ein kleines Kind. Jemand aus der Großstadt hat eine andere Perspektive als jemand vom Land. Und ein Türke versteht das deutsche Alltagsleben anders als ein Deutscher. Der Begriff ‚Perspektive' kann z. B. so erklärt werden:

„Das Wetter ist schön."

Was bedeutet „schön" für:

eine Tennisspielerin? (sonnig, windstill, trocken...)
einen Landwirt? (Regen für eine gute Ernte...)
einen Windsurfer? (windig und warm...)
eine Skifahrerin? (kalt und Pulverschnee...)

Der Lehrer sammelt die Antworten der Schüler an der Tafel.

1.5. Was sind <u>Verallgemeinerungen und Stereotypen</u>?
Die Schüler ergänzen das Arbeitsblatt. In Partnerarbeit (Anlage B).
Auswertung des Arbeitsblattes: Antworten werden verglichen. Der Lehrer fragt:
-Wie nennt man solche Aussagen? (Stereotypen, Übertreibungen, Verallgemeinerungen usw.)
-Was entsteht durch solche Verallgemeinerungen?
-Sind alle Politiker unehrlich?
-Sind alle Lehrer streng?
-Sind alle Deutschen fleißig?
(... Natürlich nicht! Stereotypen sind gefährlich und führen zu Vorurteilen!)

1.6. Welche Stereotypen habt ihr über Deutschland gehört? Ein Assoziogramm entsteht auf Folie/an der Tafel unter Mitarbeit der Schüler und könnte so aussehen:

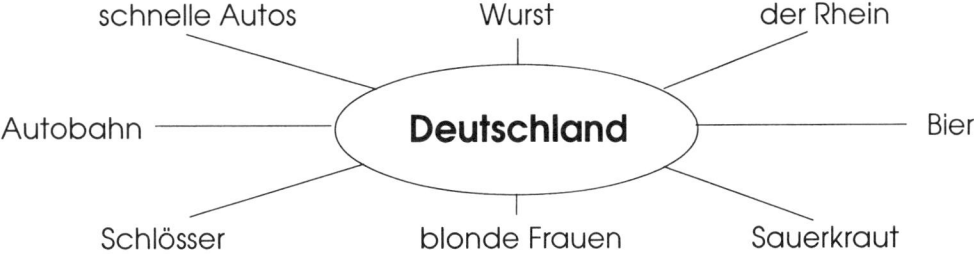

Klassendiskussion über Stereotypen in bezug auf Deutschland folgt.

2. Texterschließung

Themen: Autos, Fabriken und Autobahnen (Abschnitt 1 und 2)

2.1. Der Lehrer liest Textabschnitt 2 vor. Frage an die Schüler: An wen wendet der Autor sich, wenn er „Du" sagt?

2.2. Die Schüler bekommen Textabschnitt 1 und 2. Sie sollen Abschnitt 2 lesen und dann in Partnerarbeit Übertreibungen und Stereotypen unterstreichen.
Plenum: Die Schüler berichten, was sie unterstrichen haben und diskutieren darüber.

Zum Beispiel:
- Bekommt wirklich jeder Achtzehnjährige sofort ein Auto?
- Gibt es wirklich Fabriken, die Fabriken machen? Was bedeutet das?
  (Erklärung: die Fabriken haben Riesenanlagen)
- Wer ist hier der Erzähler? Mit wem spricht er?
- Wie verstehen wir diesen Text, wenn es z.B. der deutsche Bundeskanzler wäre, der spricht? (Werbung für Deutschland?)
- Wie verstehen wir die Sätze, wenn ein türkischer Gastarbeiter sie spricht?
- Warum übertreibt der Autor? Vielleicht will er seinen Bruder beeindrucken, oder er ist ein Angeber...?

2.3. Hausaufgabe: Schüler lesen Abschnitt 1 und unterstreichen Übertreibungen und Unwahrscheinlichkeiten. Abschnitt 1 wird beim nächsten Mal diskutiert und bearbeitet.

3. Texterschließung:

Thema: Deutsche Wälder (Abschnitt 10).

3.1. Als Vorentlastung ein visuelles Diktat:
Textabschnitt 10 wird zweimal vorgelesen. Schüler sollen das erste Mal nur zuhören und beim zweiten Mal in Partnerarbeit ein Bild zeichnen, das dem Inhalt des Textes entspricht. Jede Gruppe zeigt und beschreibt ihr Bild. Dann werden die Bilder ausgestellt.

3.2. Die Schüler finden die Ironie im Text:
Der Wald im Text und der reale Wald. Folie/ Arbeitsblatt (Anlage C)
Vorstellung der Antworten im Plenum. Diskussion folgt.

3.3. Weitere Arbeitsvorschläge: Umwelt, Naturbedrohung und Waldsterben in Deutschland und in den USA. Schüler machen Collagen mit verschiedenen Bildern, Fotos und Zeitungsausschnitten, die Naturbedrohung und Waldsterben zeigen.

4. Erschließung weiterer Textabschnitte

Der gesamte Text wird verteilt. Allerdings mögen manche Textstellen nicht für alle Zielgruppen geeignet sein, die Auswahl bleibt dem Lehrer vorbehalten.

4.1. Arbeitsvorschlag: Textabschnitte werden als Hausaufgabe gelesen. Beim nächsten Mal wird der Abschnitt in Gruppen vorbesprochen. Jede Gruppe bearbeitet einen Textabschnitt. Die Schüler sollen unbekannte Wörter nachschlagen, Satire/Parodie und landeskundliche Themen besprechen. Die Gruppe berichtet im Plenum über ihren Textabschnitt. Klassendiskussion über landeskundliche Themen folgt.

4.2. Ironie im ganzen Text: Schüler sollen zwischen den Zeilen lesen und versuchen, die wirklich gemeinten Aussagen aufzuschreiben (Arbeitsblatt Anlage D). Auswertung der Partnerarbeit: Schüler lesen ihre Antworten vor oder schreiben sie an die Tafel. Klassendiskussion.

4.3. Abschlußdiskussion:
   - Warum heißt diese Geschichte „Deutschlandmärchen"?
   - Ist das wirklich ein Märchen über Deutschland?
   - Wenn ja, warum?

5. Anwendung

5.1. Hausaufgabe: Aufsatz schreiben.

   Mögliche Themen:

   1. Eine idealisierte Version des Lebens im eigenen Land oder in der eigenen Stadt
      - Aus der Perspektive eines Außenseiters/Immigranten/Gastarbeiters
      - Aus der eigenen Perspektive

   2. Eine ironische, idealisierte oder nicht idealisierte Version des Schulalltags.

Didaktisiert von Cindy Leonard und Ingrid Langer

Anlage A
Arbeitsblatt

Stilmittel: Ironie

Hier sind einige Beispiele für Ironie. Wie findet ihr diese Bemerkungen? Gebt weitere Beispiele!

1. Familie Gruber besichtigt ein großes Schloß. Frau Gruber sagt: „Diese Könige haben nette kleine Häuser gehabt!"

2. Herr Müller zum Kellner, der die Suppe verschüttet: „Das haben Sie aber gut gemacht!"

3. Gabi und Horst wollen Tennis spielen. Draußen ist starker Regen. „Ach, heute ist wieder ideales Wetter!"

4. Hans ist vom Rad gefallen. Er ist ganz zerkratzt. Sein Freund sagt: „Na, du schaust ja toll aus!"

5. Sabine vergißt, den Backofen abzudrehen. Der Kuchen ist verbrannt. Die Mutter sagt: „Na, auf dich kann man sich ja verlassen."

Anlage B
Arbeitsblatt

Stilmittel: Verallgemeinerungen und Stereotypen

Wählt ein passendes Wort und ergänzt die Sätze 1 -11!

Pizza	ehrlich	klug	prima	verschwenderisch
dumm	reich	Oper	intelligent	gute Uhren
vornehm	genau	fleißig	doof	Spaghetti
faul	unehrlich	Geld	freundlich	zurückhaltend
streng	viel zu tun	ehrgeizig	strebsam	Geheimkonten

1. Die Schüler in unserer Schule sind..
2. Die Schüler in der Nachbarschule sind ....
3. Die Lehrer sind/haben ....
4. Geschäftsleute sind/haben ....
5. Unsere Politiker sind..
6. Polizisten sind ....
7. Die Amerikaner sind ....
8. Die Italiener lieben ....
9. Die Schweizer haben ....
10. Die Engländer sind ....
11. Die Deutschen sind..

Anlage C

Arbeitsblatt

Bitte notiert, wie der Wald im Text beschrieben wird und überlegt dann, wie der Wald in Deutschland wohl wirklich aussieht! In Partnerarbeit.

	der Wald im Text	der reale Wald
A. Bäume und Pflanzen:		
B. Tiere:		
C. Gefahren im Wald:		

Für den Lehrer

Mögliche Antworten für den Wald im Text (Märchenwald):

A. reichen bis zu den Sternen
B. Hasen, Füchse, Rehe, Hirsche
C. Frauen und Kinder gehen Tag und Nacht allein spazieren.

Mögliche Antworten für den realen Wald:

A. Waldsterben, Bäume und Pflanzen sterben
B. wenige Tiere, Jagd auf Tiere
C. unsicher, gefährlich, unheimlich

Was will der Autor durch seine Satire ausdrücken?

Anlage D

Arbeitsblatt:

Ironie in „Deutschlandmärchen"

Der Erzähler schreibt, daß es in Deutschland keine Probleme gibt, daß alles wunderbar und einfach ist. Welche Probleme sind aber im Text versteckt? Wie ist die Wirklichkeit? Schreibt eure Meinung unter die Zitate aus dem Text! In Partnerarbeit.

Abschnitt 2: Wenn du mal achtzehn bist, kriegst du sofort ein Auto...

_____

Abschnitt 3: Was die deutschen Polizisten überhaupt tun?

_____

Abschnitt 4: Die Deutschen sind ehrlich...höflich.

_____

Abschnitt 4: Wenn Du Türke bist, wirst du sofort zum Essen eingeladen.

_____

Abschnitt 6: Die deutschen Kinder sind gehorsam.

_____

Abschnitt 8: ...fröhliche, sorglose Menschen steigen ein und aus.

_____

Abschnitt 10: Frauen und sogar Kinder gehen darin (im Wald) spazieren, Tag und Nacht, ganz allein...

_____

Abschnitt 13: Geldverdienen ist in Deutschland kinderleicht.

_____

Abschnitt 14: Es gibt keine Probleme, sie haben alle gelöst.

_____

Şinasi Dikmen: „Wer ist ein Türke?"

1. Wer ist ein Türke? Wie erkennt man ihn, woher weiß man, ob jemand ein Türke ist? Diese Fragen beschäftigen mich, seit ich in Deutschland bin. In der Türkei war für mich jeder ein Türke, den ich kannte und mit dem ich türkisch sprach. Als ich klein war — die erwachsenen Türken waren auch einmal klein — glaubte ich, daß es auf der Welt nur eine Sprache gäbe, nämlich die türkische, und daher alle Menschen dieser Erde Türken seien.

2. Man redete über Amerikaner, über Russen, über Franzosen, aber konkrete Vorstellungen hatten wir von diesen Menschen nicht. Ja, ein böser Russe sieht wie ein gefährlicher Bär aus, ein Amerikaner ist die reine Freundlichkeit, und ein Deutscher ist treu wie ein Schäferhund. Dies alles waren nur vage Vermutungen, aber ein Gesicht bekamen wir nie zu sehen. In der Realschule lernte ich Französisch, ohne je einen Franzosen leibhaftig gesehen zu haben. Wir erfuhren, wo Paris liegt, wie hoch die französische Kultur ist, dazu lernten wir Lieder auf französisch auswendig.

3. Meine Vorstellungen von den Türken, das waren meine Eltern, meine Geschwister, meine Verwandten und die Dorfbewohner und all die anderen, die ich irgendwie kennengelernt und gesehen habe, bis ich nach Deutschland kam.

4. In Deutschland fragten mich erst die Deutschen und dann ich mich selbst: *Wer ist ein Türke?* Viele glauben, ein Türke sei der, der einen schwarzen Schnurrbart und einen türkischen Paß hat. Es gibt in Europa aber viele Türken, die keinen türkischen Paß haben, darunter sogar etliche, denen gar der Schnurrbart fehlt.

5. Aber wer ist dann ein Türke? Fragen Sie mal einen türkischen Konsulatsbeamten. Sie werden mit Sicherheit folgende Antwort bekommen: „Nur die Angehörigen des Konsulats sind Türken, die anderen, die in Deutschland sind, sind reine Gastarbeiter[1], aber keine Türken." Jetzt wissen wir, daß nicht alle türkischen Gastarbeiter Türken sind.

6. Bin ich ein Türke? Oder kein Türke? Wenn ich kein Türke bin, was bin ich dann? Und wenn ich doch Türke bin? Was ist der Konsulatsbeamte? Mit einem griechischen Gastarbeiter habe ich mehr Gemeinsamkeiten als mit diesem Beamten. Aber dieser Grieche kann nicht türkisch; auch wenn er könnte, würde er mit mir bei den anderen Griechen nicht türkisch sprechen. Bin ich etwa ein getürkter[2] Türke?

7. Wenn man in Deutschland einen Ford-Granada fährt, so fährt man eine Türkenkutsche[3]. Wie hieß der Türke, der dieses Auto entworfen und produziert hat? Hieß

Şinasi Dikmen
Hurra, ich lebe in Deutschland
Satiren
Vorwort von Dieter Hildebrandt

Serie Piper

*Numerierung der Abschnitte zur leichteren Texterschließung.

derjenige, der die erste Plastiktüte erfand, Ali Osman oder Mehmet Ali?

8 Ich bin in der Türkei geboren, mit türkischer Erziehung aufgewachsen. Meine Eltern sind Türken wie meine Geschwister und meine Verwandten. Ich habe die türkische Schule besucht, als türkischer Gastarbeiter bin ich nach Deutschland gekommen, als Türke habe ich mich beim Ausländeramt gemeldet. Meine Krankenversicherung, meine Rente und meine Autoversicherung laufen unter der Nationalität „Türke", und ich spreche mit meinen Kindern, soweit es möglich ist, zu Hause türkisch, ich liebe türkisch, ich hasse türkisch, ich esse türkisch und ich sch... türkisch, und ich glaubte fest daran, daß ich ein Türke sei - bis mir dieser Vorfall passierte.

9 Vor einigen Jahren nahm ich an einer Lesung teil und stieg in Hannover in den Zug Richtung Ulm. Es war eine gute Lesung in Hameln. Das Publikum war nett, wir unterhielten uns angenehm, diskutierten über die Situation der Türken und über die Deutschen, über Gott und die Welt. Nach der Lesung gingen wir in ein griechisches Lokal, in dem wir fast türkisch aßen. Am nächsten Tag wurde ich von einer Dame bis zum Bahnhof in Hannover gefahren.

10 Ich betrat ein Abteil, in dem nur ein älteres Ehepaar saß. Ich fragte sie höflich, ob ein Platz frei sei, und sie antworteten höflich, ja, bitte; ich setzte mich hin, schlug „Die Zeit"[4] auf und tat, was in Deutschland bei einer solchen Fahrt verlangt wird, nämlich schweigen, schweigen, schweigen, nie etwas fragen, solange du selbst nicht gefragt wirst. Zwischen den Zeilen dachte ich über Elisabeth nach, bei der ich übernachtet und mit der ich gefrühstückt hatte, dachte über ihre beiden Kinder nach. Elisabeth erzog ihre Kinder zweisprachig, türkisch-deutsch, und trotzdem gingen die Kinder ins Gymnasium und waren sehr erfolgreich. Ob Elisabeth von ihrem türkischen Mann getrennt lebte oder schon von ihm geschieden war, weiß ich heute nicht mehr. Sie war eine gute Gastgeberin, wie eine Türkin. Sie steckte sogar Reiseproviant in meine Tasche. Das hatte ich noch nie erlebt. Nein, nein, sie hatte etwas von den Türken angenommen. Bei vielen deutschen Gastgebern hatte ich schon übernachtet, aber sie war irgendwie anders.

11 War Elisabeth eine Türkin? Ich glaube nicht. Wir sprachen deutsch, obwohl sie türkisch beherrschte. War sie eine Deutsche? Das auch nicht. Sie war eine hervorragende Gastgeberin und ein guter Mensch.

12 Ich aß den Reiseproviant auf, las weiter „Die Zeit", stellte niemandem Fragen, wurde auch nichts gefragt. Das Ehepaar redete von Füssen über Oberstdorf so vor sich hin, bis Fulda. In Fulda stieg ein richtiger Türke zu, fragte das Ehepaar kurz und knapp: „Frei?" Bevor er ausgesprochen hatte, schrie die Dame schon: „Nein, nichts frei!" Der Türke, klein, gedrungen, mit handgestrickter Weste, grün, ich würde sagen, Türkengrün[5], stechendes Grün, in beiden Händen Plastiktüten, ging nach dieser barschen Antwort weiter. Ich schaute ihn an, er schaute mich an, so als fragte er, hier sind doch drei Plätze frei; ich hatte das alles nicht richtig mitbekommen, so schnell ging es. Der Zug war, soviel ich sehen konnte, voll. Der Türke stellte sich genau vor unsere Tür, wie zum Trotz. Ich fragte die Dame: „Hier sind doch noch drei Plätze frei. Warum sagten Sie dem Mann, daß nichts frei sei?" Wie stets, wenn Deutsche sich gegenseitig taxieren, antwortete die Dame mit einer Stimme, die zwar höflich war, aber vom Gesprächspartner Abstand verlangte, daß sie mit so einem Typen nicht zusammen in einem Abteil fahren möchte. Ich hakte nach: „Was meinen Sie mit Typen?" Sie: „Mit einem türkischen Typen." Ich: „Woher wissen Sie, daß er ein Türke ist?" „Das merkt man doch gleich", antwortete sie, ich solle mal richtig hinschauen, dieser finstere Blick und diese Arroganz. Ich erwiderte: „Der Mann hat doch nur höflich gefragt." „Das meinen Sie! Ich aber kenne diese Türkenblicke!" Nein, ich könne von der Dame nicht verlangen, daß sie sich die Fahrt durch die Anwesenheit eines Türken verderbe. Sie möchte auf keinen Fall mit einem Türken im Abteil sitzen. Ich ließ nicht locker: „Sie fahren aber mit einem Türken im Abteil." „Nein", sagte sie, „das ist mein Mann." „Doch, Sie fahren mit einem Türken, und zwar mit mir!" Sie wußte zunächst nicht, was sie sagen sollte. Sie schaute ihren Mann an, bat ihn um Hilfe, aber der verlor kein Wort, er kontrollierte seine Fußspitze, tat so, als hörte er nichts. Die Dame faßte meine Aussage als Bescheidenheit auf: man solle sich auch nicht

zum Spaß so sehr erniedrigen. „Ich erniedrige mich nicht, wenn ich Ihnen sage, was ich bin." „Meinen Sie, daß er", sie zeigte auf den Türken, „Ihre Bescheidenheit zu würdigen weiß?" „Ob er es zu würdigen weiß, interessiert mich nicht; ich bin aber Türke, und Sie fahren leider mit einem Türken zusammen." „Sie können doch kein Türke sein." „Warum nicht?" „Nur so." „Ich bin Türke, soll ich Ihnen meinen Paß zeigen?" „Das brauchen Sie nicht, weil Sie kein Türke sind." „Warum sind Sie so sicher?" „Erstens, ja, hmm, erstens, ich weiß nicht, aber, hmm, Sie sind auf alle Fälle kein Türke." „Warum nicht?" „Weil, hmm, weil, wie soll ich sagen, hmm, weil Sie, Die Zeit lesen."

13 Ich weiß nicht, wie viele „Zeit"-Leser es in Deutschland gibt, einhundert-, zweihundert-, drei-, vier-, fünfhunderttausend oder eine Million. In Deutschland leben 60 Millionen vermeintliche Deutsche. Da nicht alle „Die Zeit" lesen, denke ich, daß die Deutschen, die keine „Zeit" lesen, keine Deutschen sind, sondern Türken.

Aus: „Hurra, ich lebe in Deutschland". Satiren. München. 1995.

---

[1] Jemand, der ins Ausland geht, um dort eine bestimmte Zeit lang zu arbeiten. Oft bleiben Gastarbeiter eine lange Zeit im Gastland und kehren nicht in ihre ursprüngliche Heimat zurück.
[2] türken: fälschen oder fingieren
[3] ein billig erworbenes, altes Auto
[4] „Die Zeit" ist eine Hamburger Wochenzeitung für Politik, Wirtschaft, Handel, und Kultur, mit einer Auflage von 494.075 (1994).
[5] türkengrün: blaugrün, türkisfarben

Didaktisierung

Alle Abschnitte des Textes, außer 9, 10 und 11, wurden bearbeitet.

Lernziel:	Der Text bietet sich zum mehrschichtigen Einsatz an, als literarisches, satirisches Werk. Das Thema Identität und Nationalitäts - bzw. Gruppenzugehörigkeit ist universal. Schüler können ihre eigenen Erfahrungen gut einbringen.
Zielgruppe:	3./ 4. Jahr Deutsch. Teil I eignet sich auch für Anfänger.
Zeitlicher Rahmen:	5 Stunden. Die drei Teile können unabhängig voneinander im Unterricht eingesetzt werden.

Didaktisierung einzelner Abschnitte

Teil I: Abschnitt 1

Lernziel:	Die Problematik der eigenen Identität in einer Gruppe erörtern.
Zielgruppe:	1. Jahr Deutsch
Materialien:	Arbeitsblatt (Anlage A)
Zeitlicher Rahmen:	1 Stunde

1. Einstimmung in das Thema

1.1. Es werden folgende Fragen zur Diskussion gestellt:

-Wie erkennen wir uns selbst als Gruppe: Nationale-, ethnische-, Schulgruppe, etc.?
 (z.B. durch Essen, Kleidung, Aussehen, Religion, was man in der Freizeit tut usw.)
-Woran erkennen andere uns?
-Könnte es jemanden mit unseren Eigenschaften geben, der trotzdem nicht zu unserer
 Gruppe gehört?
-Was müssen andere machen, um zu unserer Gruppe zu gehören?

2. Texterschließung

2.1. Ein Lückentext zum ersten Absatz wird ausgeteilt (Anlage A). Die Wörter Deutschland, Türkei, Türke(n), türkisch(e) sind ausgelassen. Die Schüler lesen den Text und füllen die Lücken aus mit Wörtern aus ihrer eigenen kulturellen Erfahrung.

2.2. Die Schüler lesen ihre Versionen vor und diskutieren diese. Zum Schluß werden die fehlenden Wörter aus dem Original-Text gegeben.

Teil II: Abschnitte 2-8

Lernziel: Erkennen von Stereotypen und Ironie

Zielgruppe: 3./4. Jahr Deutsch

Materialien: Arbeitsblätter (Anlagen B-E)

Zeitlicher Rahmen: 2 Stunden

1. Einstimmung in das Thema
1.1. Eine Landkarte mit Deutschland und der Türkei wird den Schülern gezeigt (Anlage B). Die Entfernungen zwischen den Ländern und mögliche Unterschiede (Wetter, Landschaft, Sitten, Traditionen usw.) sollten besprochen werden (Anlage C). Der Begriff Gastarbeiter wird erklärt.

2. Texterschließung
2.1. In Gruppenarbeit: Jede Gruppe erschließt einen anderen Abschnitt des Textes und beantwortet Fragen (Arbeitsblatt, Anlage D). Im Plenum stellt dann jede Gruppe ihren Text vor. Der Lehrer hilft als Fachautorität.
2.2. Als Hausaufgabe:
Abschnitte 2-8 lesen und Verständnisfragen beantworten (Arbeitsblatt, Anlage E).

Abschnitte 10 und 12 von „Wer ist ein Türke" als Dialoge verfaßt (in Anlehnung an den Originaltext).

Rollen:	Requisiten:
Türke 1	Reiseproviant
Türke 2	Zeitung
Ehepaar	grüne Weste
	Plastiktüten
	6 Stühle
	Strickzeug

Minidialog 1

(Ein älteres Ehepaar sitzt nebeneinander in einem Zugabteil. Der Mann schaut aus dem Fenster. Die Frau strickt.)

Türke 1: Verzeihung, ist hier noch ein Platz frei?

Frau: Ja, bitte.

Türke 1: Danke schön. (Schlägt „Die Zeit" auf, liest eine Weile, holt seinen Reiseproviant heraus, ißt und liest weiter)

Frau: Wir sind in Fulda!

Mann: Ja, ja.

Frau: Schau, da ist der Dom!

Mann: Schön!

<u>Minidialog 2</u>

(Ein Mann, der eine türkisfarbene Weste trägt, schiebt die Abteiltür auf)

Türke 2: Frei?

Frau: (schreit) Nein, nichts frei!

Türke 2: (Schaut Türke 1 fragend an)

Türke 1: (Zuckt mit den Schultern)

Türke 2: (Tritt aus dem Abteil heraus, schließt die Tür und bleibt im Gang stehen)

Türke 1: (Schaut die Frau an) Hier sind doch noch 3 Plätze frei. Warum haben Sie dem Mann gesagt, daß nichts frei sei?

Frau: Ich möchte nicht mit so einem Typen zusammen in einem Abteil fahren.

Türke 1: Was meinen Sie mit „Typen"?

Frau: Mit einem türkischen Typen.

Türke 1: Woher wissen Sie, daß er ein Türke ist?

Frau: Das merkt man doch gleich. Schauen Sie mal richtig hin - dieser finstere Blick, diese Arroganz!

Türke 1: Der Mann hat doch nur höflich gefragt.

Frau: Das meinen Sie! Ich aber kenne diese Türkenblicke!

Türke 1: Sie fahren aber mit einem Türken im Abteil.

Frau: (Schaut ihren Mann kurz an - dann zu Türke 1): Nein, das ist mein Mann.

Türke 1: Doch, Sie fahren mit einem Türken, und zwar mit mir!

Minidialog 3

Frau: Sie können doch kein Türke sein.

Türke 1: Warum nicht?

Frau: Nur so.

Türke 1: Ich bin Türke. Soll ich Ihnen meinen Paß zeigen?

Frau: Das brauchen Sie nicht, weil Sie kein Türke sind.

Türke 1: Warum sind Sie so sicher?

Frau: Erstens, ja, hmm, erstens, ich weiß nicht aber, hmm, Sie sind auf alle Fälle kein Türke.

Türke 1: Warum nicht?

Frau: Weil, hmm, weil, wie soll ich sagen, hmm, weil Sie „Die Zeit" lesen!

Didaktisierung

Teil III: Abschnitte 10 und 12 als Dialog

Thema:	Problematik von Kulturidentität, Nationalitätszugehörigkeit und Vorurteilen
Lernziel:	Textverständnis und szenische Darstellung der Problematik.
Zielgruppe:	3./4. Jahr Deutsch
Materialien:	Arbeitsblätter (Anlagen), Textsatzstreifen
Zeitlicher Rahmen:	2 Stunden

1. Einstimmung in das Thema

1.1. Der Lehrer erklärt die Bedeutung des Zugverkehrs in Deutschland. Dazu zeigt er Fahrpläne und Bilder von einem Zug, Abteil, Bahnhof (Anlage F+G).

2. Texterschließung

2.1. In Gruppenarbeit:
Die Gruppen sollen jeweils einen der Minidialoge in Satz- bzw. Folienstreifen geschnitten in eine logische Reihenfolge legen.
Anschließend werden die Ergebnisse im Plenum vorgestellt und Wortschatzfragen geklärt.

2.2. Zur Übung der Aussprache und Intonation:
   a. Chorisches Sprechen der Minidialoge: Lehrer spricht vor, alle sprechen nach.
   b. Einzelne sprechen nach.

2.3. Alle Minidialoge werden ausgeteilt.
In Partnerarbeit: Einen der Dialoge lesen und sich einprägen.
Evtl. als Hausaufgabe: Eine bestimmte Rolle lernen, damit die Dialoge später von der ganzen Klasse gespielt werden können.

2.4. Szenische Darstellung der Minidialoge.
Wenn möglich, eine Videoaufzeichnung davon machen.

2.5. Als Hausaufgabe:
Lesen des Orginaltextes (Absätze 9-13) und schriftliche Beantwortung von Verständnisfragen, z.B.

-Geht es hier um Stereotypen, Rassismus oder Nationalitäts-/Gruppenzugehörigkeit? Gebt Beispiele!
-Ärgert sich der erste Türke über die Frau im Abteil? Wenn ja, wann genau?
-Wer ist hier ein Türke?

Die Fragen werden im Plenum diskutiert.

3. Anwendung für Teile I-III

Arbeitsvorschläge:

- Wechsel der Erzähler-Perspektive (Frau, Türke 2, Ehemann): Schüler schreiben einen Aufsatz oder einen Dialog.
- „Wer bin ich?" Gedicht oder Aufsatz schreiben.
- Über eine ähnliche Erfahrung einen Aufsatz schreiben.
- Zeichnung, Collage, Poster usw. zum Text anfertigen.

Didaktisiert von Tom Ronay, Nellie Tietz, Ava Wyatt

Anlage A

Arbeitsblatt
Lückentext Abschnitt 1

Füllt bitte die Lücken mit passenden Bezeichnungen für Länder, Nationalitäten und Sprachen aus! Berücksichtigt Singular- und Pluralformen.

Wer ist ein _____? Wie erkennt man ihn, woher weiß man, ob jemand ein _____ ist? Diese Fragen beschäftigen mich, seit ich in _____ bin. In der _____ war für mich jeder ein _____, den ich kannte und mit dem ich _____ sprach. Als ich klein war - die erwachsenen _____ waren auch einmal klein - glaubte ich, daß es auf der Welt nur eine Sprache gäbe, nämlich die _____, und daher alle Menschen dieser Erde _____ seien.

Anlage B

Europa heute ——— Staatsgrenzen   o Hauptstadt

Türkei TR

Anlage C

Staatsname	Republik Türkei
Mitgliedschaften	ECO, Europarat, NATO, OECD, OSZE UNO
Hauptstadt	Ankara 2,6 Mio Einw.
Lage	26°-45° östl. Länge 36°-42° nördl. Breite
Fläche	779452 km (WR) Agrar 36,3% Weide 11,0% Wald 26,2% Sonstige 26,5%
Klima Ankara	Jan. 0,3°C 367mm Juli 23,0°C

POLITIK

Staatsform	Parlamentarische Republik (seit 1982)			
Staatsoberhaupt	Süleyman Demirel (seit 1993, DYP) 6.10.1924			
Regierungschef	Tansu Ciller (seit 1993, DYP) 1946			
Regierung	DYP, SHP (seit 1991)			
Parlament Legislaturperiode 5 Jahre	Große Nationalversammlung 450 Sitze (Wahl vom 20.10.1991)			
	DYP (Konservative)	175	RP (Islam. Fundament.)	38
	ANAP (Rechtskonservative)	95	CHP (Republikaner)	16
	SHP (Sozialdemokraten)	52	Sonstige	74

BEVÖLKERUNG

Einwohner		Wachstum pro Jahr		Bevölkerungsdichte	
1993	59,9 Mio (WR 16)	1980-1992	2,3%	1993	76,8/km (WR 87)
2000	69,7 Mio (WR 16)	1992-2000	1,9%	2000	89,4/km (WR 80)
Lebenserwartung 1992		Altersaufbau	1991	Entwicklungsstand	
Männer	Frauen	0-14J	35,2%	Urbanisierung	61%
Türkei 65J	70J	15-64J	61,8%	Alphabetisierung	81%
Welt 64J	68J	über 64J	3,0%	Einw. pro Arzt	1108
Städte	1990	Religionen	1986	Nationalitäten	1983
Istanbul	6 620 200	Moslems	99,2%	Türken	85,7%
Ankara	2 560 000	Sunniten		Kurden	10,6%
	1 757 400	Alewiten		Araber	1,6%
	916 200	Christen	0,3%	Sonstige	2,1%
Bursa	834 600	Sonstige	0,5%		
Gaziantep	603 400				
Sprachen	Türkisch (Amtssprache), Kurdisch				

WIRTSCHAFT

Konjunkturindikatoren		1992		1993		1994	
Arbeitslosenquot		3,2%		8,7%		12,6%	
Inflationsrate		70,0%		71,1%		125,5%	
BSP pro Einwohner		2030 $		2120$		k.A.	
Wirtschaftswachstum		5,9%		7,3%		-4,0%	
BIP-Entstehung	1992	Exportgüter	1993	Abnehmerländer	1993		
Dienstleistung	55%	Textilien	28,7%	Deutschland	24%		
Industrie	30%	Agrarprodukte	25,0%	Italien	7%		
Landwirtschaft	15%	Eisen, Stahl	13%	Frankreich	6%		
Erwerbstätigkeit	1991	Importgüter	1993	Lieferländer	1993		
Landwirtschaft	46,4%	Maschinen	17,9%	Deutschland	15%		
Dienstleistung	35,5%	Eisen, Stahl	10,4%	USA	6%		
Industrie	18,1%	Rohöl	8,7%	Großbr./Frankr./Ital. je	5%		
Währung	1. Türkische Lira (TL) = 100 Kursus, 1000 TL = 0,03 $ (30.9.1994)						

aus: Harenberg Länderlexikon 1995/96.S. 434, 435.

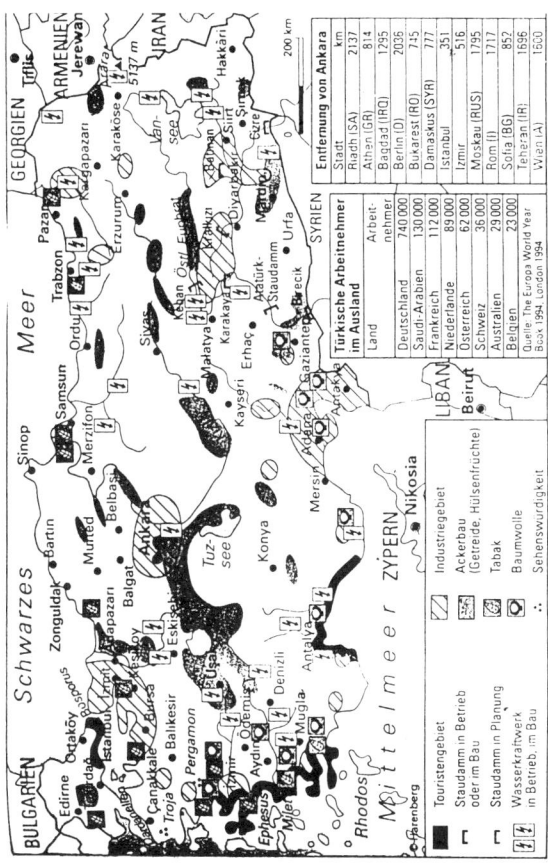

Frauen: Tradition bestimmt sozale Rolle

Kennzahl	Iran	Pakistan	Türkei
Durchschnittlicher Schulbesuch (Jahre)	3,1	0.7	2,4
Anteil an weiterführenden Schulen (%)	43,5	29,1	38,7
Alphabetisierungsrate, Erwachsene (%)	45	22	72
Durchschnittsalter bei erster Heirat (Jahre)	20,2	29,8	k.A.
Müttersterblichkeit (je 100.000 Geburten)	120	270	146
Anteil an Erwerbstätigen (%)	9,6[2]	13,7	30,7
Parlamentssitze (%)	3	1	2
Lebenserwartung (Jahre)	66	59	70

Stand: 1991/92; 1) über 15 Jahre; 2) geringster Anteil weltweit; Quellen: Bericht über die menschl. Entwicklung, Hg. UNDP, New York 1994; Pocket World in Figures 1995. Hg. The Economist, London 1994; Weltentwicklungsbericht 1994. Hg. Weltbank, New York 1994.

Anlage D

Arbeitsblatt

Aufgaben zu den Abschnitten 2-8

1. Schreibt den Abschnitt in euren eigenen Worten!

   _____

   _____

   _____

   _____

2. Gibt es Stereotypen in eurem Abschnitt. Wenn ja, welche?

   _____

   _____

   _____

   _____

3. Wie ist der Abschnitt geschrieben, z.B. ironisch, sarkastisch, komisch etc.? An welchen Textstellen?

   _____

   _____

   _____

   _____

Anlage E

Arbeitsblatt
Verständnisfragen zu den Abschnitten 2-8

Abschnitt 1
1. Wie nennt man diese Art von Vorstellungen über andere Nationalitäten?
   _____

2. Welche Sprache hat der Erzähler in der Realschule gelernt?
   _____

Abschnitt 2
3. Wie hat er diese Sprache gelernt?
   _____

Abschnitt 3
4. Was für Vorstellungen hatte er von den Türken?
   _____

5. Wann hat er seine Vorstellungen von den Türken geändert?
   _____

Abschnitt 4
6. Wie sehen Deutsche die Türken?
   _____

Abschnitt 5
7. Was meint ein türkischer Konsulatsbeamter zum Unterschied zwischen einem „Türken" und einem „Gastarbeiter"?
   _____

Abschnitt 6
8. Versteht sich der Erzähler als Türke?
   _____

9. Was ist ein „getürkter" Türke?
   _____

Abschnitt 7
10. Warum wird das Auto als „Türkenkutsche" bezeichnet?
    _____

Abschnitt 8
11. Warum glaubt der Erzähler, daß er ein Türke ist? Begründet eure Antwort.
    _____

Anlage F

Realien zur Deutschen Bundesbahn: Fahrpläne und Fotos.

Hannover Hbf → **Ulm Hbf**

Fahrplanauszug –Angaben ohne Gewähr –
Gültig: 28.5.95 bis 1.6.96

ab	Zug	Umsteigen	an	ab	Zug		an	Verkehrstage	
1.24	O 1999	Frankfurt(M)	5.15	5.34	IC	711 ♀	8.04	Mo - Sa	01
2.25	O 483 🚐	Frankfurt(M)	6.17	6.27	ICE	993		Mo -Fr	02
		Mannheim Hbf	7.05	7.10	IR	361 🍴	9.00		
2.25	O' 483 🚐	Frankfurt(M)	6.17	6.43	ICE	271 ✖		Täglich	
		Mannheim Hbf	7.23	7.27	ICE	995 ✖	9.0		
2.25	O 483 🚐	Heidelberg Hbf	7.22	8.06	IC	611 ✖	9.53	Täglich	
5.20	ICE 997 ✖						10.04	Mo - Sa	01
5.35	RB 3603	Hildesheim	6.05	6.20	IR	2475 🍴		Mo - Sa	03
		Heidelberg Hbf	10.43	11.06	IC	119 ✖	12.53		
6.17	IR 2748 🍴	Dortmund Hbf	8.00	8.11	EC	115 ✖	13.53	Täglich	
6.27	ICE 581 ✖	Augsburg Hbf	10.06	10.11	ICE	596 ✖	10.49	Täglich	
6.50	ICE 571 ✖	Stuttgart Hbf	10.32	10.55	EC	13 ✖	11.53	Mo - Sa	01
7.20	ICE 791 ✖						12.04	Mo - Sa	01
8.10	IR 2477 🍴	Heidelberg Hbf	12.43	13.06	IC	513 ✖		Täglich	
		Stuttgart Hbf	13.49	13.55	EC	65 ✖	14.53		
8.27	ICE 583 ✖	Augsburg Hbf	12.06	12.11	ICE	594 ✖	12.49	Täglich	
8.50	ICE 573 ✖	Stuttgart Hbf	12.32	12.55	EC	115 ✖		Täglich	
9.21	ICE 793 ✖						14.04	Täglich	
9.55	IC 781 ♀	Würzburg Hbf	12.05	12.44	IR	26.83 🍴		Täglich	
		Augsburg Hbf	14.40	15.00	IR	2192 🍴	15.44		
10.10	IR 2479 🍴	Heidelberg Hbf	14.43	15.06	IC	613 ✖	16.53	Täglich	
10.27	ICE 585 ✖	Augsburg Hbf	14.06	14.11	ICE	592 ✖	14.49	Täglich	
10.50	ICE 575 ✖	Stuttgart Hbf	14.32	14.55	IC	715 ✖	15.51	Täglich	
11.20	ICE 795 ✖						16.04	Täglich	
12.10	IR 2571 🍴	Frankfurt(M)	15.35	15.50	IR	2656 🍴		Täglich	
		Heidelberg Hbf	16.43	17.06	IC	615 ✖	18.53		
12.27	ICE 587 ✖	Augsburg Hbf	16.06	16.11	ICE	590 ✖	16.49	Täglich	
12.50	ICE 577 ✖	Stuttgart Hbf	16.32	16.55	EC	19 ✖	17.53	Täglich	
13.20	ICE 797 ✖						18.04	Täglich	
13.50	ICE 77 ✖	Mannheim Hbf	16.41	16.54	IC	615 ✖	18.53	Täglich	

Hannover Hbf → **Ulm Hbf**

ab	Zug	Umsteigen	an	ab	Zug		an	Verkehrstage	
14.10	IR 2573 🍴	Heidelberg Hbf	18.43	19.06	IC	515 ✖		Mo - Fr, So	04
		Stuttgart Hbf	19.49	19.55	EC	67 ✖	20.53		
14.17	IR 2646 🍴	Dortmund Hbf	16.00	16.11	IC	517 ✖	21.53	Täglich	05
14.27	ICE 589 ✖	Augsburg Hbf	18.06	18.11	ICE	996 ✖	18.49	Mo - Fr	06
14.27	ICE 589 ✖	Augsburg Hbf	18.06	18.11	ICE	996 ✖	18.49	So	
14.27	ICE 589 ✖	Augsburg Hbf	18.06 18.123		IC	610 ✖	18.49	Täglich	04
14.50	ICE 579 ✖	Stuttgart Hbf	18.32	18.55	IC	617 ✖	19.53	Täglich	
15.20	ICE 799 ✖						20.04	Täglich	07
16.10	IR 2575 🍴	Darmstadt Hbf	20.07	20.33	IC	619 ✖		Mo - Fr, So	01
		Stuttgart Hbf	22.03	22.14	IR	2299	23.11		
16.27	ICE 681 ✖	Augsburg Hbf	20.06	20.11	ICE	992 ✖	20.49	Mo - Fr, So	05
16.27	ICE 681 ✖	Augsburg Hbf	20.06	21.00	IR	2096 🍴	21.42	Täglich	
16.50	ICE 671 ✖						21.29	Mo - Fr, So	02
16.50	ICE 671 ✖	Stuttgart Hbf	20.32	20.55	IC	517 ✖	21.53	Täglich	
17.21	ICE 895 ✖						22.04	Täglich	
17.50	ICE 777 ✖	Göttingen	19.21	18.53	ICE	695 ✖		Täglich	08
		Stuttgart Hbf	22.07	22.14	IR	2299	23.11		
18.27	ICE 683 ✖	Augsburg Hbf	22.06	22.46	D	214		Mo - Fr, So	03
						♀	2.Kl 23.32		
19.20	ICE 897 ✖	Stuttgart Hbf	23.06	23.27	RE	6937	0.47	Täglich	06
20.50	ICE 675 ✖	Stuttgart Hbf	0.20	0.27	IR	2099	1.32	So	09
22.51	O 1089						5.54		10
	nur 🛏 🚐								

01 = nitch 5. Jun. 25., 26. Dez 1., 8. Apr. 27. Mai '96
02 = ICE-Spnnter incl. Service; nicht 5. Jun. 2., Okt. 1. Nov. 25., 26. Dez. 1. Jan. 5., 8. Apr. 1., 16 27. Mai '96
03 = nicht 5. Jun. 3. Okt. 25., 26. Dez. 1. Jan. 5. bis 8. Apr. 1., 16., 27. Mai '96
04 = nicht 4. Jun. 24., 25., 31. Dez 5., 7. Apr. 26. Mai
05 = nicht 5. Jun. 3. Okt. 25., 26. Dez. 1. Jan. 5., 8. Apr. 27. Mai '96
06 = micht 4. Jun. 24., 31. Dez. 7. Apr. 26. Mai; auch 5. Jun. 3. Okt. 1. Jan 8. Apr. 27. Mai '96
07 = nicht 4. Jun. 1. Okt. 24., 31. Dez. 7. Apr. 26. Mai; auch 5. June. 3. Okt. 26. Dez. 1. Jan. 8. Apr. 27. Mai '96
08 = nicht 24., 25., 31. Dez.
09 = nicht 4. Jun. 24., 25., 31. Dez. 5., 7. Apr.
10 = 5. Jan bis 29. Mär; auch 22., 25. Dez. 3. Jan.

ZeichenerKlärung / Key to Symbols

ICE	= interCityExpress (besonder Fahrpreis/ special fare)	
EC	= EuroCity	
IC	= InterCity	
IR	= InterReglo	
D	= Schnellzug / fast train	
RE	= RegionalExpress	
RB	= RegionalBahn / rigional train	
SE	= StadtExpress	

- 🅢 = S-Bahn / urban train
- Bus = Buslinie / bus service
- Mo = Montag / Monday
- Di = Dienstag / Tuesday
- Mi = Mittwoch / Wednesday
- Do = Donnerstag / Thursday
- Fr = Freitag / Friday
- Sa = Samstag / Saturday
- So = Sonntag / Sunday
- 🚐 = Kurswagen / train with through coach

 Speisewagen/restaurant car

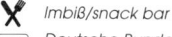 Imbiß/snack bar

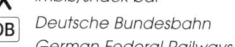 Deutsche Bundesbahn / German Federal Railways

 Schlafwagen/sleping car

Mietwagen können Sie an den mit 🚐 gekennzeichneten Bahnhöfen bestellen.
You can rent a car at all stations marked 🚐.

Eine Gewähr für die Richtigkeit der Fahrplanangaben kann nicht übernommen werden.
No responsibility can be taken for the correctness of the timetable information given.

Anlage G

Bahnhof in Berlin

Deutsche Bundesbahn,
Zugabteil 2. Klasse

Zu den Autoren

Dieses Werkheft behandelt zwei Autoren, die heute in der Bundesrepublik Deutschland leben und schreiben. Zehra Çirak ist 1961 in Istanbul geboren und kam als Dreijährige mit ihren Eltern nach Deutschland, wo sie in Karlsruhe eine deutsche Schule besuchte und zweisprachig aufwuchs. Für ihren künstlerischen Werdegang von besonderer Bedeutung war nach ihren eigenen Angaben ihre Beziehung zu ihrem Mann, dem Bildhauer und Performance - Künstler Jürgen Walter. Wenn sie Jürgen Walter nicht kennengelernt hätte, meint Zehra, hätte man vielleicht in Deutschland in der Zeitung ein Gedicht von ihr gelesen, aber sie hätte es bestimmt nicht so weit gebracht, daß man Sammlungen von ihren Gedichten veröffentlicht und Lesungen in Deutschland und im Ausland veranstaltet hätte (Werkstattgespräch). In der Beziehung zu Jürgen Walter trat Zehra aus ihrer türkischen Familienkultur in den deutschen Kulturkreis. Das bedeutete zugleich einen Bruch mit den Eltern, der in dem frühen Text „Gehversuche" auf sehr eindrucksvolle Weise dargestellt wird. Obwohl es später zu einer Versöhnung mit den Eltern kam, bewegt sich Zehra persönlich und künstlerisch in einem kulturellen Bereich, der sich von dem ihrer Familie grundlegend unterscheidet. Ihre Gedichtbände zeichnen sich durch eine sehr hohe literarische Qualität aus und haben zahlreiche Literatur - und Förderpreise gewonnen, unter denen der Friedrich-Hölderlin-Preis (1993) besondere Erwähnung verdient.

Şinasi Dikmen, der in dem kleinen Dorf Ladik/ Samsun in der Türkei geboren ist, besuchte eine Internatsschule für Gesundheitswesen, als er sich 1960 in seine deutsche Sprachlehrerin „verliebte". Obwohl er davor nur Französisch gelernt hatte, stellte er sich sofort auf Deutsch um, um dieser Lehrerin zu gefallen. Als diese feststellte, daß Şinasi mit Deutsch sehr gut zurechtkam, schickte sie ihn zu einem Sprachkurs des Goethe-Instituts in Ankara, wo er weiter lernte. Şinasi beschreibt seinen Lehrer zu jener Zeit als einen großen Kafka-Fan. Unter seinem Einfluß las Şinasi türkische Übersetzungen von Kafkas Werken, und so begann sein langes und sehr produktives Verhältnis zur deutschen Sprache. Als er dann an der syrischen Grenze als Gesundheitsbeamter arbeitete und anschließend beim Militärdienst war, fand Şinasi häufig Gelegenheit, von seinen Sprachkenntnissen Gebrauch zu machen. In einem kleinen Dorf in der Nähe von Istanbul, wo er später als Gesundheitsbeamter arbeitete, begegnete ihm eine deutsche Ärztin, die ihn fragte, ob er nicht in Deutschland arbeiten wollte. Sie schickte ihm vierzig Krankenhausadressen aus Baden-Württemberg, und eine davon war Ulm. Die Zentral-Oberin der Ulmer Uniklinik, die dreizehn Jahre in der Türkei tätig war, stellte ihn ein. Şinasi, der nicht weiß, an welchem Tag er geboren ist, erinnert sich sehr genau an den Moment der Ankunft in Deutschland 1972: „Es war der 6. April an einem Donnerstag. Das Wetter war bewölkt. Es regnete ein bißchen um 15:27 Uhr, im Jahre 1972 nach Christus in Ulm" (Werkstattgespräch). Obwohl er gehofft hatte, in Deutschland Philosophie studieren zu können, arbeitete er als Krankenpfleger, denn er mußte für seine Familie sorgen. Şinasi begann 1979 mit seinem „Deutschlandmärchen" Satiren zu schreiben. Seitdem wurden von ihm vier Satiresammlungen veröffentlicht. Sein satirisches Talent führte schließlich zu einer neuen künstlerischen Tätigkeit: Er gründete das „Knobi-Bonbon Kabarett" und arbeitet jetzt als Kabarettist und Schriftsteller.

Außer ihrer türkischen Herkunft haben Zehra Çirak und Şinasi Dikmen gemeinsam, daß sie mit ihren deutschsprachigen Werken in der gegenwärtigen deutschen Literatur eine bedeutende Rolle spielen und daß beide in derselben Woche im Rahmen des Kurses „Fremde Perspektiven - Gegenwärtige deutsche Literatur von Autoren nicht-deutscher Herkunft" im Sommer 1995 an einer Lesung und an einem Werkstattgespräch an der Deutschen Schule im Südosten teilnahmen. Im Laufe dieses Besuches wurden die Werke der beiden Autoren in Interviews und privaten Gesprächen eingehend diskutiert. Klar wurde in den aufschlußreichen Ausführungen von Frau Çirak und Herrn Dikmen, was im Kontext des Seminars auf breiterem Niveau auch in den Schriften anderer Autoren nicht-deutscher Herkunft wiederholt festzustellen war: Gemessen am dichterischen Selbstverständnis der Autoren selbst laufen Bezeichnungen wie „Gastarbeiterliteratur" und „Ausländerliteratur" die Gefahr, aus den Klassifikationsbedürfnissen des literarischen Marktes in der heutigen Bundesrepublik eine einheitliche literarische Bewegung abzuleiten.

Eine weitere Gemeinsamkeit zwischen Şinasi Dikmen und Zehra Çirak ist die Haltung zur Liebe, einer liebevollen Bereitschaft, sich einem andern gegenüber zu öffnen und/oder auf andere einzugehen. Das Geliebte hat viele Namen, die Beziehungen zu ihm sind immer äußerst riskant, und die Auswirkungen sind in jedem einzelnen Fall verschieden. Şinasi Dikmen spricht gern von seiner erotischen Beziehung zur deutschen Sprache, eine Sprache, die er als Teenager in der Türkei erlernte. Man darf dieses sprachliche Verhältnis als äußerst geglückt betrachten, das Verhältnis zu den Deutschen selbst aber ist viel komplizierter, ihm liegt eher die Haltung eines „unglücklich Verliebten" zugrunde. Aus dieser spannungsreichen Haltung, bestehend einerseits aus Sympathie, Einfühlungsvermögen und Bewunderung, andererseits aus Zorn gegen xenophobische Züge, Ordnungssucht und Kritik an einer Lebensart, die sich im Materialismus und in der Arbeit erschöpft, geht die satirische Perspektive Dikmens seinen deutschen Mitmenschen gegenüber hervor. Man ist geneigt zu sagen, daß es gerade das Leiden an der Liebe ist, das dem Autor das Recht verschafft, seine Geliebte zu kritisieren, wobei Bewunderung und schneidende Satire oft nur sehr schwer zu unterscheiden sind.

Bei Zehra Çirak ist es viel schwieriger, das Andere als das *Deutsche* zu bezeichnen oder zu betrachten, denn dieses Andere ist zu sehr ein Element ihres persönlichen und dichterischen Selbstverständnisses. Deutsch ist eine ihrer Muttersprachen, sie ist in Deutschland aufgewachsen und deutsche Staatsbürgerin geworden, und schon aus diesen Gründen ist es nicht einfach, ihr Werk - wie es häufig geschieht - zur *Ausländerliteratur* zu rechnen. Ihre Prosatexte und besonders ihre Lyrik stellen eine Art Liebe dar, die als glücklich betrachtet werden darf, selbst wenn fast immer etwas Gefährliches mitschwingt. Trotz oder vielleicht gerade wegen des von der Kritik gepriesenen (sprach)spielerischen Elements in Zehra Çiraks Lyrik, das unter anderem den prozeßhaften, unabgeschlossenen Charakter einer Liebesbeziehung zum Ausdruck bringt, spürt man oft die Angst, daß Liebe nicht selbstverständlich ist, daß sie auch scheitern kann. Sowohl bei Şinasi Dikmen als auch bei Zehra Çirak spielt die Liebe eine wesentliche Rolle. Beide scheinen das Risiko der Liebe anzunehmen, und das Ergebnis sind zwei sehr verschiedene und wichtige literarische Stimmen.

„Ausländerliteratur" hat es schon immer gegeben. Über Jahrhunderte sind Abenteurer, Asylanten, Flüchtlinge, ökonomisch Benachteiligte aus vielen verschiedenen Gründen nach Deutschland gekommen. Unter ihnen befanden sich Schriftsteller und Dichter, die die deutsche Literatur durch ihre besonderen kulturellen Fähigkeiten und Erfahrungen zu bereichern imstande waren. Im engeren und aktuellen Sinne des Wortes ist Ausländerliteratur in vieler Hinsicht mit der Literatur in Verbindung zu setzen, die in den sechziger und siebziger Jahren von den frühen Arbeitsemigranten geschrieben wurde, d.h. mit der sogenannten Gastarbeiterliteratur. Diese Literatur war ein glückliches Ergebnis der deutschen Anwerbepolitik: Anwerbeabkommen mit Italien (1955), mit Griechenland und Spanien (1960), mit der Türkei (1961), mit Portugal (1964) und mit Jugoslawien (1968) brachten Millionen von Arbeitern nach Deutschland. Die oft nicht leichten Umstände, unter denen diese Ausländer leben und arbeiten mußten, zeigen, daß diese Politik mit „Arbeitskräften" gerechnet hatte, aber nicht mit Menschen. Trotz dieser Zustände und trotz des deutschen Ausländerrechts, das den Aufenthalt eines Arbeitsmigranten auf eine nur vorübergehende Zeit festsetzte, begannen viele von den Gastarbeitern ihren Aufenthalt als permanent zu empfinden. Dazu trug die Bereitschaft der deutschen Industrie bei, trotz des Ausländergesetzes diese ausländischen Arbeitskräfte illegal zu beschäftigen (eine Praxis, die in dem kommerziell sehr erfolgreichen Buch von Günter Wallraff „Ganz Unten" auf kontroverse Weise dargestellt wird). Außerdem wuchs eine Generation von „Gastarbeiter"-Kindern heran, die sogenannte „zweite Generation," die die Sprache und Kultur ihrer Eltern nicht mehr so gut verstanden, die sich in Deutschland mehr zu Hause fühlten als in der Heimat der Eltern, selbst wenn sie von „Deutschen" weiterhin nicht akzeptiert wurden. Zur Zahl der in Deutschland lebenden und auch schriftstellerisch tätigen Ausländer sind natürlich auch diejenigen zu rechnen, die aus politischen Gründen die Heimat verlassen haben.

Um 1994 betrug der Anteil der in Deutschland lebenden Ausländer 6,91 Millionen (Quelle: BMA,(c) isoplan Saarbrücken 01/95). Eine so große Zahl von Menschen kann nicht ohne Einfluß auf die deutsche Gesellschaft und Kultur bleiben. Ein wichtiger literarischer Anfang war der 1980 von Franco Biondi, Gino Chiellino und Jusef Naoum begründete „Polynationale Literatur - und Kunstverein," der unter anderem ein Jahrbuch herausgab (dessen Herausgeber im Jahre 1985 Şinasi Dikmen war). Spätestens zu diesem Zeitpunkt ging es für ausländische Autoren nicht mehr ausschließlich um die Erfahrungen der „Gastarbeiter," sondern auf einer breiteren Basis um Begegnung und Austausch. Deutschland war nicht mehr nur eine fremde, unfreundliche Gewalt (obwohl es nicht aufgehört hatte, auch dies zu sein), sondern eher etwas wie ein Diskussionspartner, mit dem man sich auf Begegnungen einlassen sollte, ohne allerdings die eigenen sozialen und kulturellen Werte ganz aufgeben zu müssen. In den Werken von ausländischen Autoren ging es nicht mehr ausschließlich darum, wie ein Arbeiter oder das in der Bundesrepublik aufgewachsene Kind eines Arbeiters mit einer ihnen fremden und oft feindlichen Umwelt zurechtkommen muß (was natürlich nicht bedeutet, daß dies kein Problem mehr war), sondern allgemeiner um die Erfahrung der Fremde überhaupt.

Zeitlich rückwärtsschauend lassen sich die Biographien dieser zwei Autoren in verschiedener Hinsicht mit der oben skizzierten Geschichte der Gastarbeiter in Verbindung setzen. Es ist aber klar, daß solche Verbindungen keine „Schublade" sein können, in die man die Werke Şinasi Dikmens und Zehra Çiraks hineinstecken kann.

Fremde Perspektiven in der deutschen Literatur
Zur neueren deutschen Literatur von Autoren nicht-deutscher Herkunft

Will Hasty

„Deutsch" (althochdeutsch *diutisk*) im Mittelalter die „Sprache des Volkes" im Gegensatz zum Lateinischen, der Sprache der Gebildeten. Diese Sprache gehörte eigentlich vielen Völkern oder Stämmen, die sonst sehr verschiedene Traditionen und Bräuche hatten. Während „Deutsch" im Mittelalter ausschließlich die Sprache meinte, hat sich später, besonders seit der Verschränkung von Kulturbetrieb und Nationalismus im neunzehnten Jahrhundert, eine andere Auffassung von „Deutsch" mit besonderem Nachdruck durchgesetzt: „Deutsch" (wie auch andere Nationalsprachen) hätte auf eine tiefe, oft mystische Weise etwas mit dem inneren Kern eines Volkes und eines Menschen zu tun. Sogar eine Stelle in Thomas Manns Erzählung „Mario und der Zauberer" mag als Beispiel für diese Konzeption des „Deutschen" dienen und deutet gleichzeitig an, wogegen sich das „Deutsche" - hier als das „Nordische" bezeichnet - nach der Meinung des Ich-Erzählers oft abgenzt:

„Die Hitze war unmäßig, soll ich das anführen? Sie war afrikanisch (...) Mögen Sie das? Mögen Sie es wochenlang? Gewiß, es ist der Süden, es ist klassisches Wetter, das Klima erblühender Menschheitskultur, die Sonne Homers und so weiter. Aber nach einer Weile, ich kann mir nicht helfen, werde ich leicht dahin gebracht, es stumpfsinnig zu finden. Die glühende Leere des Himmels Tag für Tag fällt mir bald zur Last, die Grellheit der Farben, die ungeheure Naivität und Ungebrochenheit des Lichts erregt wohl festliche Gefühle, sie gewährt Sorglosigkeit und sichere Unabhängigkeit von Wetterlaunen und -rückschlägen; aber ohne daß man sich anfangs Rechenschaft davon gäbe, läßt sie tiefere, uneinfachere Bedürfnisse der nordischen Seele auf verödende Weise unbefriedigt und flößt auf die Dauer etwas wie Verachtung ein."
Aus: „Mario und der Zauberer". In „Unordnung und frühes Leid". Frankfurt a.M. 1991. S.186.

Für die verachtende Haltung dieses Erzählers gibt es in der deutschen Kultur und Gesellschaft viele ähnliche Beispiele: Neben Bewunderung für die kulturellen Leistungen von südlichen Ländern findet man sehr häufig die Überzeugung, daß man in den südlichen Ländern (oft ist auch Frankreich eingeschlossen) „oberflächlicher", „seelenloser" ist als in Deutschland. Die Auffassung Richard Wagners, daß im Mittelalter erst deutsche Autoren vermocht hätten, den durch ganz Europa verbreiteten Geschichten von Tristan und Parzival einen tieferen Sinn und größeren Wert zu verleihen, mag als ein weiteres Beispiel dienen. Wenn es im Rahmen dieser Auffassung darum geht, das „Deutsche" dem Nichtdeutschen gegenüber abzugrenzen, scheint das Nichtdeutsche oft kaum der Bewunderung wert.

Eine kulturgeschichtliche Auffassung des Deutschen ist skizziert worden, die – obwohl zunächst an nationalistische Tendenzen des neunzehnten und frühen zwanzigsten Jahrhunderts gebunden – bis in die Gegenwart unter verschiedenen Bedingungen und in verschiedenen Formen weiterlebt.

Auf welche Art diese eine Auffassung des Deutschtums heute noch weiterlebt, zeigt die in den letzten Jahrzehnten geschriebene Literatur von Ausländern und von Deutschen ausländischer Herkunft, die u.a. davon erzählt, wie diese Menschen – meist als sogenannte „Gastarbeiter" aus südlichen Ländern – nach Deutschland kamen und wie sie dort empfangen wurden/werden.

Nur ein paar Merkmale dieser Literatur können in diesem Zusammenhang erwähnt werden. Im voraus muß festgehalten werden, daß es vielleicht nicht angebracht ist, von *einer* Literatur zu sprechen, denn es ist oft kritisiert worden, daß Namen wie „Gastarbeiterliteratur" und „Ausländerliteratur" der Verschiedenheit der literarischer Interessen und Sprachen nicht gerecht werden (die betroffenen Autoren halten solche Termini oft für eine „Schublade," in die man sie stecken kann; vgl. die Bemerkungen von Şinasi Dikmen und Zehra Çirak in diesem Werkheft) und daß man solche Namen oft benutzt, um desto schneller und einfacher diese Literatur zu vermarkten. Andererseits gibt es doch Merkmale, die die von Ausländern und von Deutschen ausländischer Herkunft geschriebene Literatur bei aller Verschiedenheit der einzelnen Stimmen kennzeichnen. Obwohl er sich gegen Bezeichnungen wie „Gastarbeiterliteratur" wehrt, streitet z.B. der türkische Schriftsteller Şinasi Dikmen in einem Werkstattgespräch (University of Florida, 27. Juli 1995) nicht ab, daß solche Merkmale vorhanden sind:

> „Es gibt natürlich Gemeinsamkeiten. Gemeinsamkeiten dieser Literatur von einem Italiener, von einem Spanier oder von einem Türken. Wir schreiben über die Menschen, über die deutsche Autoren nicht gut schreiben können. Wir bringen noch dazu ganz andere Bilder, Metaphern, Wörter. Wenn man Franco Biondi liest, oder Gino Chiellino oder Zehra Çirak, obwohl sie nicht von der ersten Generation ist, sieht man, daß ihre Literatur, ihre Beschreibungen ganz anders sind als klassische deutsche Literatur."

Die Begründung der Anthologienreihe Südwind Gastarbeiterdeutsch im Jahre 1980 von Yusuf Naoum, Rafik Schami, Suleman Taufiq und Franco Biondi deutet auch auf eine gemeinsame, südlich-orientierte Haltung. Man mag also vielleicht nicht ganz zu unrecht von einer ausländischen Literatur sprechen, wenn man von der Prämisse ausgeht, daß es sich um eine offene Einheit handelt, in der es verschiedene, sich manchmal widersprechende Stimmen geben kann.

Die Geschichte dieser Literatur geht zunächst auf die ökonomische und soziale Situation der fünfziger Jahre zurück: Um des wirtschaftlichen Wiederaufbaus und Wachstums willen wurden Anwerbeabkommen 1955 mit Italien, 1960 mit Griechenland und Spanien, 1961 mit der Türkei, 1964 mit Portugal und 1968 mit Jugoslawien abgeschlossen, um Arbeitskräfte nach Deutschland zu bringen. Obwohl Ausländer auch aus anderen, oft politischen Gründen in dieser Zeit nach Deutschland kamen, hat die neueste Phase der Ausländerliteratur in Deutschland mit den Lebensumständen, Wünschen, Hoffnungen und mit der Selbstbehauptung der sogenannten „Gastarbeiter" zu tun. Die Mehrheit der heutzutage in Deutschland schreibenden Autoren ausländischer Herkunft sind selbst einmal Gastarbeiter gewesen (bzw. sind es immer noch) oder mit (ehemaligen) Gastarbeitern verwandt (z.B. die sog. „zweite Generation"). In den sechziger und siebziger Jahren ging es in der von Gastarbeitern geschriebenen Literatur häufig darum, wie man sich in einer fremden und oft feindlichen Umwelt zurechtfinden mußte. Die Lyrik und Prosa von dem seit 1965 in Deutschland lebenden Italiener Franco Biondi stellen das schwierige Einleben der Gastarbeiter in Deutschland beispielhaft dar. Wie es während der ersten Zeit in Deutschland bei den Gastarbeitern sehr oft der Fall war, schrieb Biondi seine ersten Gedichte in seiner Muttersprache. Als er noch Italienisch schrieb und auch später, als er seine ersten Gedichte auf deutsch verfaßte, sind seine Werke eher von einer Rückwärtsgewandheit, von Trennungsschmerz, Heimweh und Hoffnungslosigkeit gekennzeichnet. Das sind Merkmale der Gastarbeiterliteratur in ihren Anfängen: Man fühlt sich einer fremden und feindlichen Macht ausgeliefert und versucht mit dem Schreiben, sich in dieser Situation zurechtzufinden. In der Kurzgeschichtensammlung „Passavantis Rückkehr" (München. 1985.) handelt die Geschichte „Die Heimfahrt" (1979) von der wachsenden Verzweiflung eines Mannes, dessen Träume von einem besseren Leben für sich und für seine Familie durch fleißige Arbeit in Deutschland sich nicht erfüllt haben:

> „Nichts kommt. Wenigstens für mich und meine Familie nicht, eher für die, die an meiner Lage verdienen. Für mich kommt etwas anderes: die Folter, die aus dem Tröpfeln auf das Blechdach der Baracke besteht, die sich in dem leeren Hof und den im Wind flatternden Hemden ausdrückt, die sich mit der Anwesenheit von Nutten und durch die einsamen Wege am Rheinufer verschärft." (S. 19)

Der Unglückliche leidet unter der Wahnvorstellung, daß seine Frau in Italien ihn betrügt und sucht umsonst nach einer Wohnung, damit seine Familie zu ihm nach Deutschland kommen kann. Am Ende der Geschichte wird dem beinahe Wahnsinnigen der Wind – die metaphorische Gestalt der Fremde – zu einem Raubtier, das ihm alles wegnehmen möchte:

„Der Wind zischt nicht mehr gegen das Blechdach, er heult, er ist ein Wolf geworden, der nach mir jagt.
Ich weiß, was er will. Er will mir das einzige wegnehmen, was mir noch auf dieser Welt übriggeblieben ist.
Er will mir meine Familie wegnehmen. Er will, daß ich alleine bleibe in dieser schrecklichen Baracke, in diesem schrecklichen Betrieb. Das ganze Leben lang soll ich Säcke füllen, deren Inhalt ich gar nicht kenne." (S.20)

Diese Darstellung kann als eine Antwort auf die oben zitierte Stelle aus Thomas Manns „Mario und der Zauberer" gelesen werden. Während der wohlhabende Deutsche die Vernachlässigung seiner tieferen Bedürfnisse in der oberflächlichen Wärme des Südens beklagt, scheint der einsame Arbeiter aus dem Süden an der teilnahmslosen und unmenschlichen Kälte des Norden zu leiden. Die Auseinandersetzung mit dem „nordischen" Wetter scheint fast ein Leitmotiv der ausländischen Literatur zu sein. Der illegale, ausgebeutete Arbeiter Ali Itir, eine der Hauptfiguren in Aras Örens Novelle „Bitte Nix Polizei"(Frankfurt a.M. 1983) erfährt zuerst in der Berliner Kälte die Gewalt der Fremde, die ihn schließlich zerbricht (er wird der Vergewaltigung beschuldigt und ertränkt sich): „Ali stemmte sich gegen den Wind und stieß mit dem Kopf herausfordernd nach vorne: Komm doch her, Christenkälte, spring mich an, denkst du, ich fürchte mich vor dir?" (S.26). Paradoxerweise scheinen ausländische Autoren mit der Kälte im Norden häufig ungefähr das auszudrücken, was der deutsche Erzähler Thomas Manns mit der Hitze auf seine Weise kritisierte: den Verlust von Verbindungen, die Vernachlässigung von tiefen menschlichen Bedürfnissen.

Schon in den siebziger Jahren war das Leiden am Norden nicht die einzige Haltung von ausländischen Autoren. In der Lyrik von Biondi kommt sehr oft ein optimistischer Zug zum Vorschein, der von einer wachsenden Selbständigkeit zeugt. Trotz aller Probleme mit dem fremden Land und mit der fremden Sprache hat man begonnen, sich selbst zu behaupten. Das Gedicht „Nasse Pinsel" von Biondi beschreibt, wie der ausländische Erzähler und seine deutschen Arbeitskollegen nach einem schweren und heißen Arbeitstag die klebrigen Zungen („Pinsel") mit Bier befreien:

„Anschließend schwamm auch mein pinsel im bier
–als ich ihn betätigte
warf ich harte dicke brocken deutsch herum:
noch nie war ich so athletisch
im deutschen brockenwerfen
wie an jenem heißen nachmittag."

Aus: „Franco Biondi" Hrsg. Rüdiger Krechel und Ulrike Reeg. München. 1989. S.31.

Auch konnte man sich selbst behaupten, indem man nicht über die Verhältnisse in Deutschland verzweifelt klagte, sondern sie ironisch kritisierte, wie z.B. in Biondis Gedicht „Nicht nur Gastarbeiterdeutsch":

„mein gastarbeiterdeutsch ist eng
   wie das ausländergesetz
und tief
   wie die ausbeutung
mein gastarbeiterdeutsch ist ein tiefdruck
   von Kiel bis Mazara del Vallo
und wiegt
   wie notierungen der DM"

Aus „Franco Biondi" S.29.

Hier und anderswo gelingt es dem sozial, ökonomisch und auch sprachlich noch Unterlegenen, die ihn erdrückende Macht mit Ironie zu neutralisieren. Beispielhaft für eine satirische Behandlung der Aspekte der deutschen Gesellschaft, von denen viele in Deutschland arbeitende Ausländer sich am meisten ausgebeutet oder wenigstens entfremdet fühlen, sind die Geschichten des türkischen Autors Şinasi Dikmen. Statt sich selbst zu bemitleiden und belastenden Verhaltensweisen der Deutschen vorwurfsvoll gegenüberzustehen, identifiziert sich der Erzähler in den meisten von Dikmens Satiren oft mit den Objekten seiner Kritik. Indem der Ich-Erzähler der Geschichten mit ihnen einverstanden zu sein vorgibt, gelingt es Dikmen, destruktive Haltungen und Vorurteile (sowohl von den Deutschen als auch den Türken) klarer und eindringlicher darzustellen. Wie dem Erzähler von Biondis Geschichte „Die Heimfahrt" gelingt es dem von Dikmens Geschichte „Wohnungssuche" nicht, eine Wohnung zu finden. Im Kontrast zu Biondis Figur, die immer verzweifelter wird, ist Dikmens Erzähler wenigstens auf der Oberfläche mit der Einstellung der Deutschen völlig einverstanden:

> „Am nächsten Tag ging ich mit meiner Frau zu der Vermieterin. Meine Frau zog sich ihr bestes Kopftuch an, frisch gewaschen und gebügelt, mit bunten Blumen. Als die Dame meine Frau mit ihrem Kopftuch sah, wurde sie plötzlich todtraurig und schluchzte: „Ich habe nichts gegen die Türken. Aber Frauen mit Kopftüchern kann ich nicht leiden, weil die Frau, die mir meinen Mann weg-genommen hat, auch manchmal ein Kopftuch trug (...) Nein, das kann ich nicht ertragen. Der Arzt hat mir verboten, mich aufzuregen."
> Um Gottes willen, wir wollten nicht der Grund sein, daß eine deutsche Frau stirbt. Ich möchte mit meinem Gewissen in Frieden leben."

Aus: „Hurra, ich lebe in Deutschland". München. 1995. S.70.

Am Ende der Geschichte hat diese Familie immer noch keine Wohnung gefunden, aber der Mann ist trotzdem sicher, „daß die Deutschen nette Leute und sehr feinfühlig" sind. Jeder potentielle Vermieter hatte nämlich gesagt: „Ich habe nichts gegen die Türken, aber..." Er verliert die Hoffnung nicht, eine Wohnung zu finden, „wenn nicht in diesem Jahrhundert, dann eben im nächsten" (S.74). Ominöser wirkt in der Geschichte „Wir werden das Knoblauchkind schon schaukeln" die Bewunderung eines türkischen Gastarbeiters über die Organi-sationsfähigkeit der Deutschen:

> „Jeder weiß, die Deutschen sind organi-sationsfähig, was heißt fähig, enorm talentiert sind sie. Ich glaube, im Jenseits wird ein Deutscher der erste Helfer Gottes sein, weil der liebe Gott mit so vielen Menschen nicht besser umgehen kann wie ein Deutscher. Aber ich möchte den Deutschen keine unrechten Komplimente machen. Die Welt kennt sie doch."

Aus: „Hurra, ich lebe in Deutschland" S.58.

Trotz der scheinbaren Zustimmung des Erzählers kann es einem natürlich nicht ganz wohl bei dem Gedanken sein, daß es gerade dieses weltbekannte Organisationstalent ist, das im Kontext dieser Geschichte mit den Problemen der Gastarbeiter fertig werden soll.

Es ist hier nicht möglich, die Vielfalt der Tendenzen dieser Literatur detailliert zu besprechen. In diesem Rahmen muß die Feststellung genügen, daß die resignierte, manchmal verzweifelte Rückwärtsgewandtheit, die in der Prosa und Lyrik der sechziger und frühen siebziger Jahre noch überwog, in den späten siebziger und achtziger Jahren zu einer Haltung unter sehr vielen geworden ist. Diese Aufteilung ausländischer Literatur in viele verschiedene und sich oft widersprechende Stimmen – was auch mit dem Heranwachsen der sogenannten „zweiten Generation" zu tun hat – scheint mit einer wichtigen Einsicht zusammengefallen zu sein. Man erkannte, daß die Fremde, mit der Gastarbeiter immer fertig werden müssen, nicht so sehr in anderen Menschen als in der Sprache zu finden ist. Sobald man sich in der Fremdsprache zurechtgefunden hatte – so scheint es – , war man imstande, das einst Feindliche und Bedrohliche nicht (mehr) als etwas im tiefen inneren Kern des Menschen Verwurzeltes zu erleben, sondern als etwas, was von Menschen mit der Sprache vermittelt wird. Biondi schreibt 1986: „Ein In-Frage-Stellen der Sprache als Instanz der Mehrheit hat mich immer mehr in der Auffassung bestärkt, daß die Fremde nicht so sehr in dem Menschen wohnt, der aus der Fremde kommt; primär wohnt sie in der Sprache selbst". Aus: „Franco Biondi". S.17. Außer der Fremde, die aufgrund der Unerschöpflichkeit und Vielschichtigkeit der Bedeutungen jeder Sprache inhärent ist, gibt es nach Biondi ein Fremdwerden der Wörter „aufgrund der Tatsache, daß sie durch die Mächtigen jeder Gesellschaft und durch die herrschende Meinung besetzt werden. Wörter werden nämlich ständig besetzt, indem bestimmte Bedeutungen hineingezwungen und andere hinausgedrängt werden". Aus: „Franco Biondi" S.17. Ein Beispiel von der Macht der Mehrheit über die Sprache ist für Biondi das Wort „Gastarbeiter," das seines Erachtens nach in ideologischer Absicht versucht, etwas Unmögliches sprachlich zu repräsentieren:

> „Die Ideologen haben es fertiggebracht,

die Begriffe Gast und Arbeiter zusammenzuquetschen, obwohl es noch nie Gäste gab, die gearbeitet haben. Die Vorläufigkeit, die durch das Wort Gast zum Ausdruck gebracht werden soll, zerbrach an der Realität: Gastarbeiter sind faktisch ein fester Bestandteil der bundesrepublikanischen Bevölkerung."
Aus: „Franco Biondi" Anmerkung, S.15.

Was für Biondi ein „Mit-Fragezeichen-Versehen bezüglich der Sprache der Mehrheit" ist, läßt sich besonders seit den späten achtziger Jahren in der Literatur von vielen Autoren nichtdeutscher Herkunft sehen. Besonders die lyrische Sprache von Zehra Çirak scheint festgesetzte Denkgewohnheiten in Frage zu stellen, indem die Aufmerksamkeit des Lesers spielerisch auf die Sprache selbst gelenkt wird, wie zum Beispiel in dem Gedicht „Eigentum":

„Meine Heimat mein Land
meine Landsleute meine Sprache
meine Geschichte mein Krieg mein Sieg
meine Sehnsucht mein(e) Frau (Mann) mein Kind

mein Haus mein Hab und Gut meine Zukunft
meine Meinung mein Recht meine Person
mein Nachbar mein Feind in meiner Zeit

mein Gott steh mir bei daß mir alles bleibt
da kommt einfach ein anderer mit seinem mein
und nichts bleibt mir mehr
nichts von mir – ach du meine Güte."
Aus: „Vogel auf dem Rücken eines Elefanten".
Köln. 1991. S. 86.

Die letzten vier Zeilen dieses Gedichtes versehen die „mein"-Mentalität mit einem Fragezeichen, da eine auf Besitz und Eigentum beruhende Identität andere Menschen, die eine ähnliche Identitätsverfassung haben, notwendigerweise als eine Bedrohung ansehen muß. Daß eine solche Identität nicht selbstverständlich oder „natürlich" ist – und das ist vielleicht ein zweites Fragezeichen –, scheint die letzte Halbzeile zu verraten, die den Ernst des bisherigen Gedichts spielerisch aufzulösen scheint. Am Ende kann man nicht sicher sein: Ist „mein" eine wesenhafte Eigenschaft des Menschen (d.h. etwas im Menschen) oder eine Möglichkeit in der Sprache? Daß es eine Befreiung sein könnte, wenn man Wörter wie „mein" als Möglichkeiten der sprachlichen Selbstdefinition statt als unveränderliche menschliche Eigenschaften betrachtet, scheint der Text „Kulturidentität" auf andere Weise zu sagen:

„Also würde ich am liebsten japanisch aufwachen auf einem Bodenbett in Räumen mit transparenten Scheintüren. Dann würde ich gerne englisch frühstücken, danach mit fremder Gleichgültigkeit chinesisch arbeiten, fleißig und eifrig. Am liebsten möchte ich französisch essen und tierisch satt römisch baden, gerne will ich bayrisch wandern und afrikanisch tanzen. Am liebsten würde ich russische Geduld besitzen und mein Geld nicht amerikanisch verdienen müssen. Ach, wie möchte ich gerne einen Schweizer Paß, ohne in den Verdacht zu geraten, Inhaber eines Nummernkontos zu sein. Am liebsten möchte ich indisch einschlafen als Vogel auf dem Rücken eines Elefanten und türkisch träumen vom Bosporus. Will ich also etwas, womit ich mich wiedererkenne, oder etwas, womit andere mich einordnen können?"
Aus: „Vogel auf dem Rücken eines Elefanten".
Köln. 1991. S.94.

Man kann man die hier benutzten Nationalitätsbezeichnungen entweder positiv als attraktive Erfahrungsmöglichkeiten, die allen offenstehen sollen, ansehen oder negativ als Stereotypen, die die Menschen eingrenzen. Die Antwort auf die Schlußfrage scheint aber klar zu sein: Hier wie bei Biondi ist eine multikulturelle Gesellschaft erwünscht, in der man von verschiedenen Gewohnheiten und Bräuchen konstruktiv Gebrauch machen könnte.

Einer solchen multikulturellen Gesellschaft steht die anfangs besprochene Auffassung im Wege, die das Deutsche mit dem tiefen inneren Kern eines Volkes und seiner einzelnen Mitglieder identifiziert. Dieser Auffassung nach gehört das Deutsche ausschließlich einer bestimmten Gruppe, die meint, andere Menschen als eine Gefahr ausklammern oder als eine Unreinheit – man denke hier an die Parole „Kanake raus!" – beseitigen zu müssen. Diese Auffassung reicht von der deutschen Frau in Şinasi Dikmens Geschichte „Wer ist ein Türke?" („Hurra, ich lebe in Deutschland". S.75-79), die ihr halbleeres Zugabteil mit einem gerade eingestiegenen Türken nicht teilen will („Ich aber kenne diese Türkenblicke!"), bis zum doppelten Standard eines deutschen Verlegers in Dikmens Geschichte „Positivitätstheorie" (S.146-149), der einen Text herablassend als gute Literatur preist, solange er glaubt, der Verfasser sei ein Ausländer, ihn aber sofort als „Scheiß" abtut, wenn sich herausstellt, daß der Verfasser ein Deutscher ist. Im literarischen Bereich zeigt sich diese überkommene Auffassung des Deutschtums vor allen Dingen in der Erwartung, daß ausländische Autoren ausschließlich über ausländische Angelegenheiten zu schreiben haben. Trotz dieser Erwartung ist die gegenwärtige literarische Szene in Deutschland schon lange nicht mehr ganz „deutsch", wenn mit diesem Wort die überkommene und anfangs besprochene Auffassung gemeint ist. Die anspruchsvollen Schriften von gegenwärtigen Autoren nicht-deutscher Herkunft sorgen dafür, daß „deutsche Literatur" nicht mehr ausschließlich in der Traditionslinie von Johann Wolfgang von Goethe und Thomas Mann gesehen werden kann. Deutsch ist die gegenwärtige deutsche Literatur vielleicht eher im Sinne von *diutisk* als ein Medium der Kommunikation und der Selbstdefinition, das Gruppen mit verschiedenen Traditionen, Bräuchen und Interessen gemeinsam ist.

WERKSTATTGESPRÄCH MIT ŞINASI DIKMEN

Das Werkstattgespräch mit Şinasi Dikmen fand am 27.7.1995 in Gainesville, Florida statt. An dem Gespräch mit Herrn Dikmen nahmen Christa Merkes-Frei (Goethe-Institut Atlanta), Will Hasty (University of Florida), Franz Futterknecht (University of Florida), Zehra Çirak und Mitglieder der Şinasi Dikmen-Arbeitsgruppe teil. Um den Zugang zu den wesentlichen Punkten dieses Gesprächs zu erleichtern, wurden die hier zitierten Auszüge aus dem Gespräch nach Themen geordnet.

Warum nach Deutschland?

Frage: Könnten Sie uns sagen, wann und warum Sie aus der Türkei nach Deutschland kamen, und ob Sie vorhatten, lange in Deutschland zu bleiben?

Antwort: Das hat natürlich eine längere Geschichte. Erst fange ich an, wie ich Deutsch gelernt habe, warum ich danach so auf Deutschland fixiert war. Im Jahre 1960 besuchte ich die Fachoberschule für Gesundheitswesen. Das ist ein Internat vom Gesundheitsministerium. Ich komme aus einem kleinen Dorf. Meine Eltern konnten mein Studium oder meine Weiterbildung nicht finanzieren, so daß ich gezwungen war, dieses Internat zu besuchen. Im Internat traf ich meine deutsche Sprachlehrerin, die frisch aus der deutschen Philologie in unsere Klasse kam, und ich war in sie verliebt... Sie war eine unheimlich hübsche Frau und ein wunderbarer Mensch und eine gute Lehrerin. Ich wollte, glaube ich - also nach dreißig Jahren analysiere ich mich so - ihr unbedingt gefallen. Obwohl ich in der Realschule Französisch gelernt hatte, habe ich mich sofort, innerhalb einer Stunde, auf sie bzw. auf die deutsche Sprache umgestellt. Sie hat mir die deutsche Sprache liebend beigebracht. Sie sah, daß ich mit der deutschen Sprache sehr gern und gut zurechtkomme und hat mich auf den deutschen Sprachkurs am Goethe-Institut in Ankara geschickt. Mein Lehrer dort war ein Kafka - Fan. Er hat immer wieder während des Unterrichts von Franz Kafka erzählt. Ich war ein sehr emsiger Leser. Ich habe Kafkas übersetzte Werke in der türkischen Sprache gelesen, damit ich mich auch einmischen konnte. Durch die beiden habe ich die deutsche Sprache lieben gelernt. Dann war ich an der syrischen Grenze, als Gesundheitsbeamter. Diese Berufsbezeichnung gibt es in Deutschland nicht. Das ist ungefähr so wie ein Landarzt in Deutschland. Also, ich mußte alles machen: Nicht nur auf der Gesundheitsebene tätig sein, sondern auch dolmetschen. Es war egal, wer an die Grenze gekommen ist, ich mußte immer dolmetschen. Bei den Franzosen habe ich Deutsch geredet, bei den Engländern, bei den Amerikanern, bei den Arabern. Ich war der einzige Dolmetscher. Dadurch bekam ich natürlich auch etwas mehr Praxis. Dann habe ich meinen Militärdienst geleistet, danach war ich in der Nähe von Istanbul in einem kleinen Dorf als Gesundheitsbeamter. In dieses Dorf kam eines Tages eine Ärztin als Touristin, und sie hat mich dann gefragt, ob ich Hochdeutsch könne und in Deutschland arbeiten wolle. Damals habe ich besser Deutsch gekonnt, glaube ich.

Sie hat mir dann vierzig Krankenhausadressen aus Baden-Württemberg geschickt, und eine davon war Ulm. Die Zentraloberin der Ulmer Uniklinik, die dreizehn Jahre in der Türkei gearbeitet hatte, hat mir eine positive Antwort gegeben. Ich wurde dann angestellt als Krankenpflegehelfer, im Jahre 1972. Ich weiß zwar nicht, wann ich geboren wurde, aber ich weiß sehr wohl, wann ich in Deutschland und Ulm angekommen bin. Das war der 6. April, an einem Donnerstag. Das Wetter war bewölkt. Es regnete ein bißchen um 15:27 Uhr, im Jahre 1972 nach Christus in Ulm.

Wie kam es zu den Satiren?

<u>Frage:</u> Nach einiger Zeit in Deutschland haben Sie begonnen zu schreiben. Wie ist es dazu gekommen?

<u>Antwort:</u> In Deutschland habe ich im Jahre 1979 angefangen, Satiren zu schreiben. Ich wußte nicht, daß es Satiren sind, die ich geschrieben habe. Wissenschaftler haben meine Texte als Satiren bezeichnet. Die Bezeichnung habe ich dann angenommen. Sie haben mir gesagt, ich sei Satiriker. Was die Deutschen mir gesagt haben, habe ich immer angenommen. Ich habe gesagt: „Gut, wenn die meinen, ich bin Satiriker, dann bin ich halt Satiriker." Mit dem Schreiben hat es auch eine ganz komische Geschichte. Im Jahre 1979 habe ich mit einem Freund, der jetzt in Hamburg als Arzt tätig ist, ein sehr groß und breit angelegtes Programm für die Volkshochschule Ulm vorbereitet. Der Leiter der Volkshochschule Ulm hat uns gefragt, ob wir nicht bereit wären, selber einen Abend zu gestalten unter dem Motto „Deutschland, ein türkisches Märchen." Ich wußte damals nicht, daß Aras Ören einen Lyrikband unter diesem Titel herausgegeben hatte. Mein Freund, mit dem ich zusammen das Programm vorbereitet hatte, war ein deutsch erzogener Mensch. Er hatte ein deutsches Gymnasium besucht. Er wuchs bei seiner Tante auf, die deutschsprachig war, und er hat sich auch wie ein guter Deutscher benommen. Nachdem er den Auftrag bekommen hatte, ging er sofort in die Stadtbibliothek. Er war innerhalb einer Woche fertig. Ich bin leider Gottes türkisch erzogen. Bis zu dem Tag, als ich vortragen sollte, hatte ich

nichts vorbereitet. Ich mußte über die deutsch-türkischen Beziehungen der Gegenwart erzählen, mein Freund über die geschichtliche Entwicklung der deutsch-türkischen Beziehungen. Mein Freund kam zu mir und fragte: „Zeig mal, was hast du vorbereitet?" Ich sagte: „Wie lange haben wir noch Zeit?" „Noch drei Monate." „Mein Gott, in drei Monaten kann ich doch Berge versetzen." Bis zu dem Tag, das war dann ein Montag. Ich kam von der Intensivstation um Viertel nach zwei nach Hause, und er kam um halb drei und wollte unbedingt meinen Vortrag lesen. Ich sagte: „Du störst mich, sonst hätte ich geschrieben." Er ging, und dann habe ich zuerst den Text „Deutschlandmärchen" geschrieben. Ich wußte nicht, was ich schreiben sollte. Ich habe mir gedacht, die Zahlen interessieren niemanden. Die Zahlen sind sofort vergessen. Anderthalb Millionen Türken leben hier und davon 700 000 Frauen, und, und,

und... Nachdem die Menschen den Saal verlassen haben, haben sie nichts im Kopf. Mein Freund hat seine wissenschaftlich fundierte These gelesen, und das Publikum schlief ein. Viele Zahlen, viele Namen, viele Orte. Dann

habe ich meinen Text gelesen, und sie waren plötzlich wach. Ein Mitarbeiter der Volkshochschule fragte mich, ob ich das geschrieben hätte. Ich habe mich nicht getraut zu sagen, daß ich das war. Am nächsten Tag habe ich ihm telefonisch mitgeteilt, daß ich derjenige war, der den Text geschrieben hatte. Dann wurde dieser Text sofort in München veröffentlicht. Dieser Mitarbeiter der Volkshochschule hat gesagt, ich solle es noch einmal versuchen. Dann habe ich die Ergänzung des Märchens geschrieben. Und so ging es weiter.

Frage: Waren Sie schon in der Türkei schriftstellerisch tätig?

Antwort: Schriftstellerisch nicht. Aber gekritzelt habe ich bestimmt irgendwas.

Frage: Gibt es Autoren, die Sie als Vorbilder angesehen haben, z.B. deutsche oder türkische Satiriker, die für Sie wichtig gewesen sind?

Antwort: Vorbilder habe ich nicht. Ich bin nicht, sagen wir mal, so wie Herr Heine oder Tucholsky. Ich weiß nicht, wie alle diese großen Meister heißen, aber ich bin bestimmt beeinflußt worden durch die türkische Satire-Tradition. Ich habe Herrn Aziz Nesin, der vor zwei Wochen leider gestorben ist, sehr gern gelesen. In der Türkei haben wir nicht nur ihn, sondern es gibt auch andere sehr gute Satiriker, die ich sehr gern gelesen habe. Dadurch wird man ja unbewußt beeinflußt, aber so wie Herr Nesin oder Herr Tucholsky werde ich bestimmt nicht werden.

Frage: Sie sagen oft, Sie seien aus Liebe, einer Liebeserwartung heraus, nach Deutschland gegangen, wurden aber enttäuscht. Ist das der Grund, warum Sie mit dem Schreiben begannen?

Antwort: Ich bin wie ein enttäuschter Liebhaber. Ich kam mit positiven Bildern nach Deutschland, und die Leute versuchen, seit dreiundzwanzig Jahren diese Bilder kaputtzumachen. Daraus entstand diese Enttäuschung. Zwischen Liebe und Enttäuschung entsteht auch dann die Ironie. Wo soll ich damit hin? Was ist mir wichtig? Der Satiriker ist meines Erachtens nicht unbedingt einer, der die Welt verbessern will, wie Herr Tucholsky gesagt hat, sondern einer, der von den Menschen enttäuscht ist, die er liebt. Aus dem Gefühl heraus versucht er, sie zu kritisieren. Er ist so schwach, ist so ein Feigling, daß er immer dazwischen das Lachen hineinsteckt, damit der, den er kritisiert, es ihm nicht übel nimmt. Das ist an sich eine Liebeserklärung.

Zur Bezeichnung „Gastarbeiter"

Frage: Würden Sie das, was Sie schreiben, als „Gastarbeiterliteratur" bezeichnen, oder ist es etwas anderes?

Antwort: Das ist eine Haltung der deutschen

Intellektuellen und Kritiker und auch der Germanisten - also ihr seid nicht verschont. Sie meinen, sie hätten uns mit dieser Bezeichnung in irgendeine Schublade gesteckt. Die Deutschen denken immer schematisch. Sie brauchen immer so Begrenzungen, feste Einteilungen.

Frage: Gibt es überhaupt eine Bezeichnung, die wir für diese Literatur, die von nicht-deutschen Autoren geschrieben wird, benutzen können? Gibt es Gemeinsamkeiten zwischen diesen, oder gibt es jeweils nur eine „Schublade" für jeden Autoren?

Antwort: Um dies besser zu bezeichnen, dafür werdet ihr bezahlt. Das müßt ihr machen! Ich kann nicht aufstehen und sagen, so ein Autor bin ich. Es gibt natürlich Gemeinsamkeiten. Gemeinsamkeiten dieser Literatur von einem Italiener, von einem Spanier oder von einem Türken. Wir schreiben über die Menschen, über die deutsche Autoren nicht gut schreiben können. Wir bringen noch dazu ganz andere Bilder, Metaphern, Wörter. Wenn man Franco Biondi liest oder Gino Chiellino oder Zehra Çirak, obwohl sie nicht von der ersten Generation ist, sieht man, daß ihre Literatur, ihre Beschreibungen ganz anders sind als klassische deutsche Literatur. Das ist vielleicht eine Gemeinsamkeit. Wenn ich schreibe, mache ich mir selber Klarheit. Ich schreibe nicht für die deutschen Leser oder für deutschsprachige Leser. Ich schreibe für mich. Dadurch versuchen wir natürlich auch, unsere Lebensart und -weise den deutschsprachigen Lesern bekanntzumachen.

Die schriftstellerische Arbeit und ihre Ziele

Frage: Sie haben gesagt, Sie würden für sich selbst schreiben. Haben Sie überhaupt kein Publikum im Sinn, wenn Sie schreiben? Ist das für Sie nicht wichtig? Welche Wirkung wollen Sie erzielen?

Antwort: Sie werden mir nicht glauben, aber ich schreibe nicht für das Publikum. Das Publikum interessiert mich nicht. Der Leser interessiert mich auch nicht. Ich hätte sehr gern, daß meine Bücher verkauft werden. Gekauft werden, gelesen werden. Ich würde alles tun, daß sie gelesen werden. Aber während des Schreibens denke ich nicht an den Leser. Ich kenne ihn nicht. Ich bin allein mit meinem Thema, mit meiner Sprache, die ich im Kopf begrenzt habe. Ich kann nicht so gut deutsch wie ich Türkisch kann. Ich muß zusehen, wie ich mit dieser Sprache, Thematik, Technik, zurechtkomme. Da ringe ich um die Wörter, lechze ich nach der Technik. Wenn ein Text, den ich geschrieben habe, mir gut gefällt, dann gehe ich sogar so weit, daß ich mich mit den Deutschen eine Woche lang versöhne. Aber mir muß der Text gut gefallen, nicht dem Leser. Ich weiß nicht, wie die anderen Autoren schreiben. Jeder behält es für sich selbst, aber ich schnappe während eines Gesprächs mit Freunden, auf der Straße usw. ein Thema auf - einen Satz, ein Wort, ein Bild oder irgendwas. Darauf baue ich dann den Text auf, in meinem Kopf. Wenn ich mich an den Tisch gesetzt habe, ist der Text schon lange fertig. Aber dann, wenn ich den Text geschrieben habe, lasse ich ihn einfach einmal liegen. Der Text soll gären und sich von mir entfernen. Wenn ich den Text dann nach fünfzehn Tagen oder nach drei Wochen lese, muß ich soweit sein, daß ich den Text zwar wiedererkenne, aber daß er mir auch irgendwie fremd erscheint. Wenn ich mich noch damit identifizieren kann, dann schreibe ich den Text noch mal. Also ein Text wird bei mir mindestens dreimal geschrieben. Der Text „Ein Türkenbub schreibt einen Brief an Onkel Goethe" ist elfmal, und „Brautbeschauer" dreizehnmal geschrieben worden. Mir macht es Spaß, an dem Text, mit dem ich schon zufrieden bin, noch mal zu schreiben. Nach drei, vier Monaten schicke ich irgend jemandem, aber keinem Germanisten, den Text, damit er lektoriert wird.

Zur Ironie Dikmens

Frage: Welche Schreibmöglichkeiten eröffnet Ihres Erachtens die Ironie? Gibt Ironie Ihnen einen besonderen Spielraum?

Antwort: Spielraum würde ich es nicht nennen, eher eine Haltung. Spielraum würde mir ein bißchen Bewegungsfreiheit geben, aber Haltung gibt diese Bewegungsfreiheit nicht. Das ist eine Haltung. So stehe ich. Noch dazu ist das „Deutschlandmärchen" an sich nicht mein Text. Zwar von mir geschrieben, verfaßt, aber doch nicht von mir. Bevor ich nach Deutschland kam, habe ich den Text gehört. Die Gastarbeiter, die vor mir nach Deutschland gekommen sind, haben über Deutschland ungefähr so erzählt. Ironie ist eine Haltung, und ich bin auch in meinem privaten Leben so ironisch. Deshalb wollen z. B. meine Kinder sehr ungern mit mir zum Einkaufen gehen. Ich gehe in ein Kaufhaus, ein Textilkaufhaus, und frage, ob man Cola kaufen kann. Meine Kinder sagen: „Um Gottes willen, Papa, du hast uns wieder blamiert." Manche finden das sehr spielerisch, sehr gut und witzig usw. Meine Familie findet mich manchmal unausstehlich.

Şinasi Dikmen als Kabarettist

Frage: Sie arbeiten schon lange als Kabarettist. Können Sie kurz beschreiben, was Sie im Kabarett machen? Und wie ergänzen sich diese beiden Tätigkeiten - das Schreiben einerseits und das Kabarett andererseits?

Antwort: Kabarett interessiert mich weniger, weil ich in das Schreiben verliebt bin. Nicht, daß das Kabarett mir keinen Spaß machen würde. Das macht mir Spaß, aber wenn ich die Wahl hätte, davon zu leben, dann würde ich das Schreiben wählen. Weil das Schreiben mir mehr Möglichkeiten gibt. Beim Kabarett gibt es nicht so viele Freiheiten. Beim Kabarett ist die Reaktion des Publikums unmittelbar. Man wird auch beeinflußt von dem Publikum: wenn die Pointe nicht gut ankommt, wenn die Mimik nicht gut ankommt.

Frage: Obwohl Sie sagen, daß Sie lieber schreiben, bedeutet doch auch Kabarett für Sie den eigentlichen Lebensunterhalt. Sind Sie z.Z. im Kabarett tätig? Sie haben ja das „Knobi-Bonbon-Kabarett" gegründet und sind damit viel unterwegs, auch in der Türkei.

Antwort: Einhundertzwanzig, einhundertvierzig Mal jährlich. Nicht nur in Deutschland. In Finnland haben wir gespielt, dreimal in der Türkei. In der Schweiz, in Österreich und Deutschland spielen wir auch.

Frage: Und wer ist das Publikum in der Türkei?

Antwort: Deutschsprachige, ehemalige Studenten. Deutsche, Österreicher, Schweizer, die in der Türkei wohnen. Gastarbeiter, die zurückgekehrt sind.

Frage: Woher kommt der Name „Knobi-Bonbon"?

Antwort: Von Knoblauch und Bonbon. Das stinkende Süße.

Şinasi Dikmen und seine deutschen Mitbürger

Frage: Sie haben gesagt, Sie würden die deutsche Sprache sehr lieben, die Deutschen aber nicht unbedingt. Können Sie das etwas näher ausführen?

Antwort: Um Gottes willen, ich hasse die Deutschen nicht. Ich bin nicht erzogen worden, daß ich gefühlsmäßig so kräftig wäre. Haß verlangt unwahrscheinliche Kraft. Ich bin dafür vielleicht zu schwach. Ich hasse nicht, aber ich verstehe die Deutschen nicht, warum sie meine Meinung nicht annehmen können. Ich kapiere es nicht. Weil ich nur aus einem Lande komme, das eventuell unterentwickelt ist, das angeblich nicht so zivilisiert ist - vielleicht. Daß sie meine Meinung nicht annehmen, das macht mich zornig, aber ich habe keinen Haß. Die deutsche Sprache gibt mir die Möglichkeit, erstens über mich selbst zu lachen und auch über die, die mich ärgern. Und ich hab noch dazu zu der deutschen Sprache eine erotische Beziehung. Ich sage den Deutschen, wenn sie mir zehn Prozent von der Liebe, die ich für die deutsche Sprache empfinde, zurückgeben würden, wäre ich sehr glücklich. Trotzdem bin ich glücklich in dem Land, weil ich mich mit der deutschen Sprache auseinandersetzen kann. Sie werden es mir nicht glauben: Wenn ich einen Tag nichts auf deutsch lese, geht's mir nicht besonders gut. Ich muß lesen, nicht hören. Lesen, und wenn es möglich ist, auch irgendwas kritzeln in der Sprache. Das ist schön!

Frage: Haben Sie Widerstand als Schriftsteller, als ausländischer Schriftsteller in Deutschland, erfahren?

Antwort: Das erfahren wir jeden Tag. Bis ich hier für diese kleine Sammlung „Hurra, ich lebe in Deutschland" einen Verlag gefunden habe, hat es ewig gedauert. Ich habe die Bücher überall hingeschickt. „Leider paßt ihr wunderbares Buch nicht in unser nächstes Programm." Das ist Widerstand.

Frage: Meinen Sie, die heutige Literatur in der Bundesrepublik wäre nationalistisch geprägt?

Antwort: Nationalistisch würde ich nicht sagen. Deutsche lesen auch sehr gern ausländische Literatur. Es kommt darauf an, welche Ausländer sie lesen. Aber in Deutschland ist unsere Literatur, ich meine die Literatur der türkischen Schriftsteller, nicht besonders gewünscht, glaube ich. Wenn noch Günter Wallraff ein Buch über die Türken schreibt, kommt das Buch so wahnsinnig an. Der hat Engagement und ist Deutscher. Wenn ein Franco Biondi aber einen Roman schreibt, kommt er nicht an. Er hat nicht mal Chancen zu veröffentlichen. Ein Deutscher muß über einen Gastarbeiter schreiben, nicht der Türke oder Italiener. Wenn ein Türke oder ein Italiener schreibt, dann ist das Jammern: Sie beschweren sich. Wenn ein Deutscher die

Şinasi Dikmen und Will Hasty

gleiche These in einem Roman vertritt, ist er auf der Seite der Unterdrückten.

Frage: Wenn hier ein Amerikaner afrikanischer Herkunft einen Film dreht, geht es meistens um die Erfahrungen von Afro-Amerikanern. Ist es in Deutschland ähnlich? Werden Ausländer jemals über etwas anderes als „Ausländersachen" schreiben können?

Antwort: Ich habe einen Text über Heinrich Bölls Tod geschrieben. Als der amerikanische Präsident Ronald Reagan operiert worden ist, ist Heinrich Böll gestorben. In den deutschen Medien wurde nur über die Operation von Herrn Reagan berichtet. Das hat mir sehr weh getan. Heinrich Böll war für mich ein Satiriker, ein liebenswürdiger Mensch, ein engagierter Mensch. Das hat mich tief berührt. Ich habe dann diesen Text über Bölls Tod geschrieben und an deutsche Zeitschriften und Zeitungen geschickt. Ich habe zwei Antworten bekommen. Sie haben mir geschrieben, daß ich nicht über den Tod eines Deutschen, sondern über Ausländer schreiben soll. Ich sei ja schließlich Türke. Wir werden immer wieder kritisiert, daß wir über Deutschland schreiben, immer wieder dieses Ausländerthema. Wenn wir etwas anderes schreiben, heißt es, was geht euch das an. Ich bin angewiesen worden, über Türken zu schreiben. Ich habe öfters Filmangebote bekommen. Ich habe gesagt, nein. Ich sehe wie ein Deutscher aus, warum soll ich einen Türken spielen?

Frage: Hat man eine besondere Situation, wenn derjenige, der dem Deutschen den Spiegel vorhält, zugleich ein Ausländer ist? Also, Wallraff kann als Deutscher einen Roman schreiben und den Deutschen sagen, wie schlecht sie die Türken behandeln. Wenn nun ein Türke kommt und den Deutschen den Spiegel vorhält...

Antwort: Ich habe öfters in meinen kleinen Lesungen, in den Dörfern, in der Küche, in den Schulen, gehört: „So sind wir nicht." Oder: „Wenn schon, dann mit dem Autowaschen. Ich kenne einen Nachbarn. Der ist so." Diese Gefahr besteht. In der Satire kann man nichts anderes machen. Mir fällt vielleicht nichts anderes ein. Mit dieser Gefahr muß ich als Autor leben, daß ich falsch verstanden werde. Von den Türken werde ich auch falsch verstanden.

Frage: Es geht in Ihren Satiren auch oft um den Materialismus und die Arbeitsmoral der Deutschen. Sind diese Einstellungen für einen Türken in der Bundesrepublik sehr schwer zu akzeptieren?

Antwort: Türken sind selber, innerhalb von dreißig Jahren, Deutsche geworden. Die sind alle sehr materialistisch und haben diese Arbeitsmoral. Als ich die Geschichte vom Autowaschen geschrieben habe, waren es die Deutschen, die ihre Autos gewaschen haben. Jetzt ist es in der Türkei noch schlimmer geworden als in Deutschland.

Frage: Wenn man über Vorurteile spricht, dann kann man sie eventuell noch schlimmer machen, ja, verstärken. Machen Sie sich Gedanken, daß durch diese Satiren die Vorurteile noch stärker werden könnten?

Antwort: Ich denke nicht daran, während ich schreibe. In der Ergänzung des „Deutschlandmärchens" sagt der Erzähler, daß die Deutschen so arbeitsam, so fleißig seien...Ein Schwabe unterbrach meine Lesung und sagte, „Das stimmt nicht, was Sie schreiben. Das ist ein Scheiß." „Wieso?" „Ich werde nicht traurig, wenn ich von der Arbeit nach Hause komme, weil ich weiß, daß ich zu Hause weiterarbeiten kann." Soweit konnte ich natürlich nicht gehen. Es gibt aber bestimmte Vorurteile, mit denen ich spiele, die auf den einzelnen Leser eine ganz andere Wirkung haben, als ich mir gedacht habe. In der Satire besteht diese Gefahr immer. Wenn man Heinrich Heine aus der Sicht eines sehr nationalen Deutschen liest, dann findet man Deutschenfeindlichkeit. Wenn man aus der Sicht eines Intellektuellen liest, dann sieht man diese Kritik auch. Es kommt darauf an, mit welcher intellektuellen Haltung, mit welchem geistigen Niveau man an diesen Text herangeht.

Frage: Sie haben gesagt, Sie werden in der Türkei als „Deutschländer" angesehen. In Deutschland werden Sie als Türke gesehen. Wie sehen Sie sich selbst?

Antwort: Ich bin sowohl Deutscher als auch Türke. Ich bin weder Deutscher noch Türke. Wenn ich in der Türkei bin, habe ich Sehnsucht nach Deutschland: nach meinem Zuhause habe ich Sehnsucht und nach der Sprache. Wenn ich in Deutschland bin, fange ich an, die Türkei zu idealisieren. Aber die Türkei hat nichts mit der Türkei zu tun, die ich verlassen habe. Das Dorf ist nicht das Dorf, in dem ich aufgewachsen bin.

Zur Möglichkeit einer multikulturellen Gesellschaft in Deutschland

Frage: Glauben Sie, daß eine multikulturelle Gesellschaft in der Bundesrepublik eine wirkliche Chance hat?

Antwort: In Deutschland wird sie keine Chance haben. In Amerika habe ich festgestellt, daß diese Minderheiten überall leben, aber für sich leben. Sie sind in sich eingegrenzt. Wenn es in Amerika nicht möglich war, glaube ich nicht, daß es in einem so zentristischen Land wie Deutschland möglich sein kann. Aber daraufhin zielen wir. Ob es klappt, weiß ich nicht.

Frage: Sie haben also wenig Hoffnung?

Antwort: Ohne Hoffnung wäre ich in Deutschland nicht länger geblieben. Ich bin seit 23 Jahren hier, und ich habe nicht vor, in die Türkei zurückzukehren. Ich würde mir sehr wünschen, daß ich zwei Monate da, drei Monate dort wäre. Das wünsche ich mir sehr. Ich sage immer wieder, ohne Deutschland kann ich nicht leben, aber Deutschland kann ich nicht ausstehen. Das gilt genauso für die Türkei. Ohne die Türkei kann ich nicht leben, aber die Türkei ein Jahr lang auszustehen - das geht nicht. Ich fühle mich wie ein Mann, der zwei Geliebte hat und nicht auf sie verzichten kann. Ob diese Beziehungen gut gelingen können, das ist eine andere Frage. Ich bin nicht normal. Das weiß ich. Aber natürlich habe ich Hoffnung. Ohne Hoffnung kann ich nicht leben. Aber ich sehe die politische Entwicklung. Nach dem Mauerfall haben wir, die Türken, uns sogar darüber gefreut und getanzt. Einige Türken haben ihre Kinder sogar Helmut genannt. Nach dem Mauerfall haben sie gesehen, daß Ausländerfeindlichkeit salonfähig geworden ist. Daß Botho Strauß mit seinen Bockgesängen angefangen hat, mit einer Rechtfertigung des Nationalismus, und Herr Martin Walser und sogar Herr Enzensberger

Şinasi Dikmen und Lehrerteams

haben sich irgendwie in eine andere Richtung bewegt. In den siebziger Jahren haben sich die französischen Intellektuellen nach rechts bewegt. Sartre ist tot. Jetzt fangen wir in Deutschland an.

Blick auf die Zukunft

<u>Frage:</u> Woran arbeiten Sie jetzt?

<u>Antwort:</u> Außer kleinen Texten schreibe ich eine große Sache. Ich will eine Trilogie herausgeben, weil ich meine, die Türken haben in Deutschland drei Epochen erlebt. Die erste Epoche war die „alte Frauenzeit". Die Türken kamen, trafen sich am Bahnhof mit alten Frauen. Schon vorbei. Dann fingen die Türken an, alte Autos zu kaufen. Die Zeiten sind auch schon vorbei. Jetzt fahren die Türken die teuersten Autos in Deutschland. Proportional gesehen fahren die Türken mehr BMW und Daimler als die Deutschen. Proportional gesehen haben die Türken mehr Video- und Musikanlagen als die Deutschen. Sie nehmen an dieser Konsumgesellschaft voll teil. Die „Alte - Autos - Zeit" ist vorbei, jetzt kaufen wir alte Häuser, alte Wohnungen. Ich will in dieser Trilogie zeigen, wie ein gemeiner, hinterlistiger Türke, der Schamann heißt - Schamann ist in der türkischen Sprache so wie Heini in der deutschen Sprache - ein ganzes Stadtviertel erobert. Das Stadtviertel heißt „Auf dem Kreuz." Der Roman wird wahrscheinlich „Der Türke auf dem Kreuz" heißen. Wie er das Stadtviertel eroberte, und wie er das erste türkische Dorf auf deutschem Boden gründete. Wie reagieren die türkischen Akademiker, Intellektuellen und die anderen Türken, die sich „zivilisiert" nennen? Die Türken in Deutschland sind sich nicht einig, in den siebziger Jahren haben sie sich in Gruppen geteilt. Eine Gruppe hat sich „zivilisierte Türken" genannt. Die kamen aus Istanbul und den Großstädten. Andere Türken kamen aus Kleinstädten. In meiner These, in meinem ersten Roman, behaupte ich, daß die Bauern vom Lande mit einer bestimmten Kultur nach Deutschland gekommen sind. Ob diese Kultur konservativ, gut oder schlecht war, ist eine andere Frage, aber die Türken, die aus Kleinstädten und Großstädten gekommen sind, hatten keine Kultur. Ich versuche, dem Bauern ein Liebeslied zu singen, dem türkischen Bauern. Der zweite Roman handelt davon, wie er in diesem Ghetto lebt mit seinem ganzen Clan, Verwandten usw., wie die Türken halt in Deutschland leben. Und der dritte Roman handelt dann von den Türken im Ghetto. Wie Sie alle wissen, wurden Ende der siebziger und Anfang der achtziger Jahre Wohnungen gebaut und später dann die Mieter unterer Einkommensgruppen aus diesen Wohnungen herausgeschmissen. „Auf dem Kreuz" leben z. B. High Society, Museumsdirektoren und der Dekan einer Fakultät usw. Das will ich zur Sprache bringen. In den Romanen kriegen die Türken ihr Fett ab, aber die Deutschen natürlich auch. Ich bin bei der dritten Fassung.

WERKSTATTGESPRÄCH MIT ZEHRA ÇIRAK

Das Werkstattgespräch fand am 28.7.1995 in Gainesville, Florida statt. An dem Gespräch mit Frau Çirak nahmen Christa Merkes-Frei (Goethe-Institut Atlanta), Will Hasty (University of Florida) und Mitglieder der Zehra Çirak-Arbeitsgruppe teil. Um den Zugang zu den wesentlichen Punkten dieses Gesprächs zu erleichtern, wurden die hier zitierten Auszüge aus dem Gespräch nach Themen geordnet.

Zwischen zwei Kulturen

Frage: Könnten Sie etwas von Ihrer Kindheit erzählen? Z.B. welche Sprachen haben Sie als Kind gesprochen, geschrieben?

Antwort: Ich bin in Istanbul geboren und mit drei Jahren nach Deutschland gezogen mit meinen Eltern, die als Arbeitsimmigranten nach Deutschland kamen. Ich bin dann auch zweisprachig aufgewachsen, d.h. zu Hause die türkische Sprache, und da ich auch sofort in den Kindergarten kam, Deutsch. Ich habe Deutsch mit Türkisch gleichzeitig gelernt, und das hat sich dann so entwickelt, daß bis zu meinem elften, zwölften Lebensjahr beide Sprachen ungefähr gleich waren, von der Qualität, von der Entwicklung her. Ich habe ja die deutsche Schule besucht, die türkische Schule habe ich erst später besucht, da gab es etwas türkischen Geschichtsunterricht, ca. zwei Jahre lang. Die deutsche Sprache hat sich weiterentwickelt, und die türkische Sprache ist auf einer Ebene stehengeblieben. Ich kann natürlich Türkisch sprechen, aber ich kann mich nicht so ausdrücken, wie ich das im Deutschen kann. Und da ich mich dann auch später entschieden habe, durch meine Partnerwahl, mich mehr in die deutsche Kultur reinzubegeben, ganz einfach durch den Alltag und die Sprache, hat sich das Türkische wieder nicht weiterentwickelt. Dann habe ich mich auch entschieden, daß ich auf deutsch schreibe. Als ich anfing, so mit 16 Jahren, die ersten Gedichte zu schreiben, Buchaufzeichnungen, ja, was man so schreibt als junges Mädchen: Probleme, daß ich keinen Freund habe, ein bißchen Auflehnung gegen die Eltern usw. Dann kamen ein paar Liebesgedichte, die ich versucht habe auch auf

türkisch zu schreiben, auch ins Türkische zu übersetzen. Dann bin ich bei der deutschen Sprache geblieben, habe an ihr gefeilt und gearbeitet und wie gesagt, von der Sprachkultur ist dann mein Türkisch stehengeblieben.

Frage: Würden Sie sagen, daß Sie zwischen zwei Kulturen aufgewachsen sind?

Antwort: Von meiner Lebenskultur her, ja. Ich habe bis zu meinem zwanzigsten Lebensjahr eine richtige türkische Erziehung genossen. Ich hatte eine sehr, sehr schöne Kindheit mit Geschwistern und den Eltern in Süddeutschland.

Die türkische Kultur kenne ich ja eigentlich auch nur von meinen Eltern zu Hause. Irgendwann dann, vielleicht nach ca. 10 Jahren in Deutschland, fing mein Vater an, sehr religiös zu werden. Es war schon immer so, daß wir kein Schweinefleisch essen durften. Wir haben die Fastenzeit mitgemacht, aber nicht so streng, nicht mit dem Kopftuch und so. Ich mußte auch in den Koranunterricht. Aber diese ganzen moralischen Ansichten, die aus dem Koran kommen, sollten wir schon befolgen. Mein Vater dachte natürlich, seine Tochter heiratet einen muselmanischen Türken. Es kann auch ein anderer sein, es muß nicht unbedingt ein Türke sein, aber Muslim muß er sein.

Meine Probleme mit den Eltern, und deshalb auch mit der türkischen Kultur, fingen erst an, wie ich dann älter war, so mit 18, 19, 20. Dann kam der Bruch. Dann bin ich mit einem deutschen Mann, mit Jürgen Walter, dem Bildhauer, nach Berlin abgehauen. Das war eine dramatische Geschichte, eine Schande für meine Eltern.

<u>Frage:</u> War dieser Bruch auch eine Entscheidung für die deutsche Kultur?

<u>Antwort:</u> Das war für mich die Entscheidung. Deshalb kann ich sagen, daß meine türkische Kultur, in der ich gelebt hatte, auch plötzlich abgebrochen wurde, von mir selber gewollt, weil ich auf einen anderen Kulturkreis, den ich ja schon von der Arbeit her kannte, gewechselt habe. Was mit meinem Mann zu tun hat, mit dem ich wegging, das ist auch sehr wichtig. Wenn das nicht gewesen wäre, wäre ich heute wahrscheinlich nicht hier. Ich kann sagen, wenn ich Jürgen Walter nicht kennengelernt hätte, dann hätte man vielleicht in Deutschland in der Zeitung einmal ein Gedicht von Zehra Çirak gesehen, vielleicht. Ich wäre heute nicht so weit, daß ich Bücher veröffentlicht hätte, Lesungen mache, und daß sich das Goethe-Institut für mich interessiert. Das war eine Förderung, die aus der Richtung kam. Die kam auch von meiner Familie nicht. Ich selber hätte das eigene Interesse vielleicht gar nicht so weit gebracht, das als eine Berufung für mich zu sehen. Ich hätte das vielleicht so nebenbei nur als Hobby gemacht.

<u>Frage:</u> Sie haben sich einmal als „Deutschländlerin" bezeichnet. Wie ist das zu verstehen?

<u>Antwort:</u> Deutschländler, das ist ganz einfach eine Übersetzung. In der Türkei heißen die Türken,

die in Deutschland leben, „Alemanierler," die Deutschen. Wörtlich übersetzt wären es die „Deutschländler". Wenn wir in die Türkei im Urlaub kamen: „Ah, unsere Deutschländler kommen."

<u>Frage:</u> Würden Sie sich heute noch als „Deutschländlerin" betrachten?

<u>Antwort:</u> Nein, natürlich nicht. Man sagt ja, etwas verändert sich. Meine Eltern sind noch Deutschländler. Ihre Einstellungen und Einsichten haben sich gegenüber Deutschland nicht geändert. Meine Eltern sind genauso lange da wie ich, schon über 30 Jahre. Das hat also nichts mit der Zeit zu tun. Es kann einer kommen und schon nach 10 Jahren kein Deutschländler mehr sein. Das hat jetzt auch nicht unbedingt etwas mit Integration zu tun, sondern das ist eine Lebensentscheidung.

Ich bin eigentlich mit meinem Leben sehr zufrieden. Soweit erst mal, was da zwischen den Kulturen für mich ist. Ich fühle mich nicht hin- und hergerissen, das war nur eine Entscheidung und ich habe gesagt, entweder oder. Immer so hin und her, das geht nicht. Manche, die können das. Für mich nicht. Ich brauche immer was Klares. Wenn es schlimm ist, ist es schlimm, wenn es schwer ist, ist es schwer. So denke ich in vielen Beziehungen, auch in einer Beziehung zu einem Mann. Entweder oder. Da bin ich auch vielleicht von Zuhause her so erzogen worden. Auch in der Sprache, wenn ich beim Schreiben bin, natürlich immer nur auf deutsch, kann es sein, daß aus dem Unterbewußtsein ein Bild entsteht und daß ich dieses Bild in ein Wort bringe, das noch aus dem Türkischen kommt. Manchmal haben die Leute auch gesagt, „Ah, da sieht man in dem Gedicht, daß Sie von woanders kommen." Dann habe ich gesagt: „Ach, wo?" Das hat mich natürlich interessiert. Wenn aber krampfhaft versucht wird, das Türkische zu sehen, da finde ich das nicht gut. Wenn da etwas Orientalisches gesehen wird, dann, ja, ich bin ja auch ein bißchen orientalisch. Nicht türkisch. Das kann nicht sein. Und auch nicht unbedingt Deutsche. Ich bin Europäerin.

Literarisches Werk

<u>Frage</u>: Sie werden in kritischen Artikeln meist im Kontext „Ausländerliteratur" besprochen. Ist Ihnen das recht?

<u>Antwort</u>: Nein. Wir Autoren, die nicht-deutscher Herkunft sind, haben natürlich einen Vorteil gegenüber anderen Leuten, die angefangen haben zu schreiben. Es gibt sicher in Karlsruhe auch andere Frauen in meinem Alter, die damals angefangen haben zu schreiben. Ich hatte das Glück, plötzlich interessant zu sein, auch wegen meiner Biographie: Die zweite Generation, die schreiben besser Deutsch als Türkisch, da wollen wir doch mal sehen, was die hier so machen. Ich fand dieses Interesse bei den ersten Veröffentlichungen. Ich habe mich natürlich von dieser Welle tragen lassen und gedacht, die werden schon merken, daß das, was ich hier mache, keine Ausländerliteratur ist. Ich habe dann immer, von Anfang an, gezeigt, daß ich nicht unbedingt in diese Schublade reinpasse, bis die Leute das dann auch gemerkt haben. Es gibt auch viele Gespräche, auch öffentlich mit anderen Autoren, Diskussionen, wo diese Rechtfertigung dann immer kommt. Das gab es schon vor zwölf Jahren, als ich die ersten Lesungen machte, auch heute noch. Und wir sind immer noch dabei, besonders wir Jüngeren. Wir möchten nicht in eine Schublade hineingesteckt werden, denn damit werden wir auch beschränkt. Wir möchten natürlich auch mit anderen deutschen und deutschsprachigen Autoren verglichen und kritisiert werden, wenn es um deutsche Lyrik geht.

<u>Frage</u>: Sie sagen, Sie hätten ein Doppelleben geführt. Dieses Doppelleben wird in der Geschichte „Gehversuche" beschrieben, nicht wahr?

<u>Antwort</u>: Das ist eigentlich schon das Ende des Doppellebens. Das war ja dann die Entscheidung, nun entscheide ich mich für mein Leben. Die Jahre vorher, so als Teenie fing das an, heimlichen Freund, einen jugoslawischen, italienischen, einen deutschen Freund. Wenn wir uns trafen, immer heimlich aus der Tür raus, ich mußte ja immer um halb acht zu Hause sein, durfte nie in Diskotheken gehen, tanzen gehen, nichts. Es war sehr streng. Ich fühlte mich gezwungen, ein Doppelleben zu führen.

<u>Frage</u>: Gibt es deutsche Lyriker, die Sie interessant finden, die Sie vielleicht beeinflußt haben?

Antwort: Wenig. Ich habe schon Autoren, die ich besonders mag, aber das sind alles Romanautoren. Ich weiß nicht, ob mich das beeinflußt hat, aber so die erste Lyrik, die ich gelesen habe, war von Ringelnatz. Er schreibt manchmal auch sehr böse Sachen, aber irgendwie lustig. Das war eher die Richtung, die mir gefallen hat. Ich kann mit einer Lyrik, die sehr schwer, sehr beladen ist, gar nichts anfangen. Wenn ich jetzt zum Beispiel an „Todesfuge" von Celan denke, sehe ich das nicht als etwas Pathetisches. Das Thema ist schwer, aber in seiner Sprache gibt es auch eine Leichtigkeit, die versteht jedes Kind. Und auch das Unausgesprochene zwischen den Zeilen war für mich interessant, das, was man sich denken muß. Das hat mich immer mehr interessiert, diese eher humoristische Seite. Andere Autoren haben mich auch vielleicht ein bißchen geprägt, z.B. die Bücher von Ernst Weiss, aber auch alle anderen Bücher. Wenn ich einen Autor entdeckt habe, dann habe ich alle Bücher von ihm gelesen.

Frage: In dem Gedicht „Brief an meine Schwestern in meinen Heimaten" steht die Zeile: „Morgenstern ist mein Name". Heißt „Zehra" „Morgenstern"?

Antwort: Zehra kommt aus dem Arabischen, und es heißt Morgenstern. Es hat zwei Bedeutungen, einmal „Blüte" und auch „Morgenstern". Das ist eine wörtliche Übersetzung.

Frage: Im Gedicht „Eigentum": Geht es da vielleicht um ein globales Problem vom Verlust der eigenen Kultur oder der eigenen Identität?

Antwort: Ja, dieses „Eigentum" ist schon auch auf Heimat bezogen, da meine ich das Nationale. Wenn man sagt: „Das ist meine Kultur", „Wir sind Fußballweltmeister", das meinte ich mit diesem „Mein".

Frage: Könnten Sie uns erklären, was Sie im Text „Kulturidentität" unter „nicht amerikanisch Geld verdienen" verstehen?

Antwort: Ich habe gehört, gelesen, daß es in diesem Land immer um weitermachen, konsumieren usw. geht.
Es ist sicher im Kleinen, im Menschlichen betrachtet auch anders, aber im Großen scheint es so zu sein. Diese Idee, immer konsumieren, und schaffen, um konsumieren zu können, das ist nicht meine Lebenserfüllung. So möchte ich nicht arbeiten, mein Geld verdienen.

Frage: In dem Gedicht „Zusammenhänge" schreiben Sie: „Weißt du, daß wir hängen und schaukeln zusammen von früh bis spät, und wir uns sorgen jeder so für sich um den Faden den noch dicken der uns hält und uns verknotet". Wir hören hier, wie auch in anderen Gedichten, eine Angst vor dem Verlust der Beziehung heraus.

Antwort: Ja, es geht um den Verlust der Beziehung. Aber bei beiden. In unserem Umfeld bricht alles auseinander, da staunen die Leute: „Ah, bist schon ein Jahr mit ihm zusammen." Bei vierzehn Jahren sagen sie schon: „Ja, du bist bescheuert." Da kommt dann ein Neid auf, oder ich weiß nicht was. Das haben wir oft erfahren. Das habe ich ja auch versucht, in dem Gedicht „Treue I" ein bißchen lustig darzustellen.

Frage: Wird vielleicht das Gefühl der Angst dadurch intensiviert, daß die Liebe gegenseitig so stark ist? Sie sprechen in Ihren Gedichten davon, daß sich gegenseitig Identitäten vertauschen. Daß es so intensiv ist, daß ohne den anderen zu leben, sowas ist wie Sterben.

Antwort: Für mich ja. Es mag zwar in den Ohren mancher unverständlich klingen, aber für mich ist das so. Ich denke, bei Jürgen auch, ich weiß nicht, bei wem von uns beiden mehr. „Ich liebe dich viel mehr als du." „Nein, ich liebe dich mehr." Da könnte man jetzt drüber streiten.
Aber das ist halt nun mal so. Wir zoffen uns auch oft. Es ist also nicht immer Friede, Freude, Eierkuchen, sondern wir haben uns richtig zusammengerauft. Mal gibt es Zeiten, wo es ruhiger ist, dann wird es wieder heftiger, aber das gehört dazu.

Frage: In dem Gedicht „Fremde Flügel auf eigener Schulter" schreiben Sie von den Lüften. Könnte man diese Bilder als die Zukunft oder das Ungewisse ansehen? Da kommt immer diese Gefahr vor.

Antwort: Ja, das meine ich ja: „Auf festem Boden hier sind wir schon lange uns einig aber wehe in den Lüften dort könnten wir uns zerreißen." Es ist die Vorstellung, wir können nicht fliegen, aber wir sind auch sehr anhänglich, möchten natürlich gemeinsam fliegen, aber vielleicht, wenn wir die Möglichkeit hätten, fliegen zu können, damit meine ich ja auch die Möglichkeit, alles zu haben, was man machen will, machen zu können, vielleicht... Jetzt sind wir auf festem Boden. Man kann das tun und das tun, man kann laufen, rennen, Autofahren und ins Flugzeug steigen, aber wenn wir die Möglichkeit hätten, all unsere Wünsche zu erfüllen, dann würden wir uns vielleicht zerreißen. Das kann schon sein.

Zusammenarbeit mit Jürgen Walter

<u>Frage:</u> Was Ihre Beziehung zu Ihrem Mann betrifft, ist das nicht nur ein persönliches, sondern auch ein künstlerisches Verhältnis? Könnten Sie die Zusammenarbeit mit Ihrem Mann kurz beschreiben?

<u>Antwort:</u> Das war so, daß mich Jürgen in meinem neuen Leben, egal, worum es ging, in der Kultur, im Privaten, natürlich beeinflußt hat. Gut, ich war offen für alles, und er hat mir viele Anregungen gegeben: „Da, lies das und das." Und er war auch immer der Erste, der meine Texte gesehen hat. Ich habe mit ihm darüber gesprochen, und er, wie ein Lektor, hat dann gesagt: „Das ist schlecht, da muß noch ein Satz hin. Jetzt nicht so grammatikalisch" usw. Er hat mir Tips gegeben. Er war meine Bezugsperson, nicht nur was mein Privatleben angeht, sondern auch beim Schreiben. Später kam noch vom Verlag die Lektorin dazu. Dann habe ich einen Text zu einer Plastik von Jürgen geschrieben. Dann hat er gesagt: „Wollen wir nicht mal etwas über dies oder jenes machen, du machst den Text, ich die Plastik." Das muß aber nicht eine Beschreibung

Zehra Çirak und Jürgen Walter

Zehra Çirak, Cindy Leonard, Ingrid Langer

sein, sondern jedes steht für sich, es kann aber auch nebeneinander stehen oder zusammengehören. So hat sich das dann entwickelt. Das haben wir dann auch weiterhin so gemacht, bis in der Edition Artinform unser Buch „Flugfänger" erschien. Das war mein erstes Buch mit Jürgen. Er hat also meine Texte illustriert. Das erste Gedicht, was zu seiner Plastik war, ist „Gebißköpfe". Er meinte bei diesen Köpfen auszudrücken, daß das Hauptorgan beim Menschen der Mund ist. Es ist lebenswichtig. Wenn der Mensch nichts zu essen bekommt, dann stirbt er.

Wir haben viele gemeinsame Interessen, sonst wäre das nicht gegangen. Daß sich das auch in der Kunst von vornherein so entwickelt hat, das war nicht ausgemacht, sondern das hat sich so entwickelt. Es ist natürlich sehr positiv, daß wir nicht dasselbe machen. Wenn er auch schreiben würde, oder ich auch Bildende Kunst machen würde, dann hätte es wahrscheinlich Probleme gegeben. So macht jeder etwas anderes, und man kann das zusammentun.

Frage: Es gibt doch bestimmt sehr viele Diskussionen zwischen Ihnen. Geht es da um bestimmte Themen?

Antwort: Ich bin auch ein Mensch, der vom Fliegen begeistert ist, auch wenn ich im Flugzeug sitze. Da hat Jürgen die Technik, den Traum „Mensch und Fliegen" als Thema seiner Plastik genommen. Er hat versucht, die Angst, die Gefahr zu zeigen. Der Mensch hat es bis heute nicht geschafft, selbst zu fliegen. Er hat Hilfsmittel dazu. Vielleicht geht das irgendwann, und durch Genbeeinflussung, daß uns Flügel wachsen. Das meinte Jürgen. Die Anstrengungen des Menschen, fliegen zu können, die Träume, alles was dazu gehört. Da habe ich gedacht, ja, das ist auch ein Thema für mich, da schreibe ich was dazu.

Zehra Çirak

Bio-Bibliographie (Auswahl)

1960 in Istanbul geboren. 1963 Übersiedlung nach Deutschland (Karlsruhe). Seit 1982 in Berlin. Erste Schreibversuche 1978. Den erlernten Beruf der Kosmetikerin übt sie heute noch zeitweise als Broterwerb aus.

Seit 1983 in ca. 18 Anthologien und Zeitschriften: Gedichte, Kurzprosa, Beiträge.

„Flugfänger". Erster Gedichtband. Mit Illustrationen von Jürgen Walter. Karlsruhe (Edition Artinform) 1987.

Arbeitsstipendium vom Senat für kulturelle Angelegenheiten Berlin. 1987.

„Ganz freihändig auf dem Tandem". In: Der Tagesspiegel vom 2.4.1988.

Adalbert von Chamisso-Förderpreis. 1989.

Soziale Künstlerförderung Berlin. 1990.

Teilnahme am Autorentreffen der Gruppe 47 in Prag. 1990.

„Vogel auf dem Rücken eines Elefanten". Gedichte und Kurzprosa. Köln. 1991.

„Aushalten durchhalten festhalten: Nachlesen aus einem Tagebuch". In: Gemeinsam. Ausländer und Deutsche in Schule, Nachbarschaft und Arbeitswelt. Essen: Regionale Arbeitsstelle zur Förderung ausländischer Kinder und Jugendlicher. 1991. S. 38-48.

Diverse Textbeiträge im Rundfunk und Fernsehen. 1991.

Arbeitsstipendium vom Berliner Kultursenat. 1992.

Friedrich Hölderlin-Förderpreis. 1993.

„Fremde Flügel auf eigener Schulter". Gedichte. Köln. 1994.

Şinasi Dikmen

Bio-Bibliographie (Auswahl)

1945	in Ladik/Samsun geboren
1951-1960	Besuch der Grund-und Realschule in Ladik
1960-65	Fachschule für Gesundheitswesen
1965-72	Grenzbeamter, Militärdienst
1972	kommt in die Bundesrepublik, nach Ulm. Krankenpflegerhelfer an der Uniklinik Ulm, Ausbildung zur Intensivpflege
1979	beginnt, auf deutsch zu schreiben

„Die Feier". In: Annäherungen. Prosa, Lyrik und Fotografien aus dem Gastarbeiteralltag. Hrsg. von Franco Biondi u. a. Bremen (CON) 1982. (= Südwind Gastarbeiterdeutsch). S. 138-143.

„Kein Geburtstag, keine Integration". In: Als Fremder in Deutschland. Berichte, Erzählungen, Gedichte von Ausländern. Hrsg. von Irmgard Ackermann. München (dtv 1770). 1982. S. 51-61.

„Wir werden das Knoblauchkind schon schaukeln". Satiren. Berlin (Express) 1983.

„Die Gastarbeiter in den Massenmedien". In: Ein Gastarbeiter ist ein Türke. PoLiKunst-Jahrbuch 1983. S. 27-32.

Initiator des ersten türkischen Kabaretts der deutschen Sprache „Knobi-Bonbon". 1985.

„Gastarbeiter in Deutschland". In: Lachen aus dem Ghetto. PoLiKunst-Jahrbuch 1985. (Redaktion: Şinasi Dikmen u. a.). S. 20-23.

„Ich bereue nicht, daß ich durch Theater soviele graue Haare bekommen habe". Die Theatergruppe ELELE-Compagnie (Ulm). Ein Interview von Sinasi Dikmen. In: Lachen aus dem Ghetto. PoLiKunst-Jahrbuch 1985. S. 26-31.

„Der andere Türke. Satiren". Berlin (Express) 1986.

Journalistenpreis von IG Metall. 1993.

„Der ausländische Autor und seine Zuhörer". In: Gülügülü. No. 11. Oktober 1994.

„Hurra, ich lebe in Deutschland". Satiren. München. 1995.

Theater

„Vorsicht frisch integriert!" Uraufführung: Knobi-Bonbon-Kabarett, Ulm, 29.3.1985. Regie: Ralf Milde.

„Mein Geburtstag". Zusammen mit dem teatro fragile. Uraufführung: teatro fragile, Laupheim, 6.7.1985. Regie: Hans Münch.

Bibliographie sekundärliterarischer Quellen zu den Werken von Çirak und Dikmen
(Auswahl)

1000 Mark zum Teilen. In: Die Berliner Zeitung vom 11.11.92.
(Zehra Çirak)

Monika Bisswurm: Bissig und frech und kein bißchen integriert. Rezension vom Kabarett Knobi-Bonbon.
In: Badische Zeitung vom 13.2.86.
(Şinasi Dikmen)

Carmine Chiellino: Am Ufer der Fremde. Stuttgart 1995.
(Zehra Çirak, Şinasi Dikmen)

Konstanze Crüwell: Des Dichters leuchtende Schrift. In: Die Frankfurter Allgemeine Zeitung vom 9.6.93.
(Zehra Çirak)

Kurt Drawert: Streckphase: Gedichte der in Deutschland lebenden Türkin Zehra Çirak. In: Die Süddeutsche Zeitung vom 3.6.92.

Nadja Encke: Von der Romanze durften die Eltern nichts wissen. In: Die Tageszeitung vom 12.8.91.
(Zehra Çirak)

Monika Frederking: Sinasi Dikmen: Ein Türkenbub schreibt einen Brief an Onkel Goethe - Wir werden das Knoblauchkind schon schaukeln. In: Schreiben gegen Vorurteile, Berlin. 1985. S. 82-105.

Horst Hamm: Fremdgegangen, Freigeschrieben. Würzburg 1988.
(Zehra Çirak, Şinasi Dikmen)

Stephen Kinzer: Germany's Young Turks Say 'Enough' to the Bias. In: The New York Times vom 6.6.92.
(Zehra Çirak)

Rosemarie Prüfer: Zehra Çirak „Vogel auf dem Rücken eines Elefanten." Rezension. In: Gemeinsam. 1992. S. 159.

Fritz J. Raddatz: In mir zwei Welten. In: Die Zeit vom 7.1.1994.
(Zehra Çirak, Şinasi Dikmen)

Heidi Rösch (Red.): Literatur im interkulturellen Kontext. TUB-Dokumentation. H.20. Berlin. 1989.
(Zehra Çirak, Şinasi Dikmen)

Christiane Schott: Brückenbauer zwischen Orient und Okzident. In: Deutsches Allgemeines Sonntagsblatt. 5.3.1993.
(Zehra Çirak)

Eberhard Seidel-Pielen: Deutsche Sprache, gute Sprache. In: Zitty. Berlin 1989. Nr.6. S.17.
(Zehra Çirak)

Sich warm laufen im Land der Deutschen. In: Die Welt. Nr.265. 1991.
(Zehra Çirak)

Rüdiger Steinemeier: Kunst und Therapie für gestörten Gleichgewichtssinn: Solingen überschattet Verleihung der Hölderlin-Preise an Friedrike Mayröcker und Zehra Çirak. In: Die Frankfurter Rundschau. 9.6.1993.
(Zehra Çirak)

Heidrun Suhr: Ausländerliteratur: Minority Literature in the Federal Republic of Germany. In: New German Critique. Nr.46. 1989. S.71-103.
(Zehra Çirak, Şinasi Dikmen)

Lutz Tantow: Märchen und Satiren in der aktuellen „Gastarbeiter-Literatur", Zusammenfassung der Arbeitsgruppe. In: Tagungsprotokoll 25/85. Iserlohn. 1985. S. 70-77.
(Şinasi Dikmen)

Ders: Vom Bazar zum Schrebergarten: Vier türkische Satiriker in der Express-Edition. In: Die Süddeutsche Zeitung. 12.11.1986.
(Şinasi Dikmen)

Joseph Weishaupt: Über die deutsch-türkische Lyrikerin Zehra Çirak und ihren Gedichtband „Vogel auf dem Rücken eines Elefanten". Deutsche Welle/Literatur Nr. 516377, (Red. Hans Georg Schwark) Radiobericht gesendet am 20.2.92.

Wir sind alle integriert. In: Die Brücke, Nr.25, S.79.
(Şinasi Dikmen)

Zusammengestellt von Marilya Veteto-Conrad.

PRAISE FOR | SUPER SLEUTH SERIES

"An original and fun read from start to finish, *King Me* showcases author J. A. Crawford's impressive flair for humor and the kind of narrative driven storytelling that makes for a compelling 'whodunnit' mystery populated by memorable characters and a profusion of plot twists and turns that keeps the reader's complete and rapt and compulsive page turning attention from beginning to end."
—*Midwest Book Review*

"The nicely twisty plot builds toward a logical ending. Crawford's tongue-in-cheek parody of superhero films will delight many."
—*Publishers Weekly*, **for** *Heroes Ever Die*

"VERDICT: Fans of both superheroes and pulp noir are sure to love Crawford's action-packed dialogue and descriptions."
—*Library Journal*, **for** *Heroes Ever Die*

"J. A. Crawford's debut is a pitch-perfect combination of action, mystery, and humor." —**Anthony Award-winning author Gigi Pandian, for** *Jove Brand Is Near Death*

"Witty banter and whiz-bang plotting distinguish J. A. Crawford's rollicking debut . . . Expertly choreographed fight sequences and spectacular set pieces amplify the story's inherently cinematic feel, and the gratifying close will leave readers clamoring for a sequel."
—*Mystery Scene Magazine*, **a 2021 Editor's Pick, for** *Jove Brand Is Near Death*